ちくま新書

アメリカを動かす宗教ナショナリズム

松本佐保
Matsumoto Saho

JN038823

1553

アメリカを動かす宗教ナショナリズム【目次】

はじめに

二〇二〇年大統領選挙は、トランプが最後まで敗北を認めず法廷裁判に持ち込むなどバイデン就任まで異例の事態となった。この接戦となった選挙戦を読み解く鍵のひとつに、宗教がある。

アメリカでは、宗教ロビーと呼ばれる宗教票が、大統領選挙に大きな影響を与える。トランプ再選の鍵を握っていたのは、福音派（エヴァンジェリカル）というキリスト教プロテスタントの非主流派だった。伝統的なキリスト教が衰退する一方で、この福音派が白人ナショナリズムと結びつき「政治化」したことが、アメリカでのトランプ前大統領誕生へとつながり、世界に大きな影響を与えてきた。保守化したカトリック勢力も、特に中絶やLGBTの権利をめぐって、福音派と立場を同じくしている。トランプが最高裁判所判事に指名したバレット判事や、カバノー判事もカトリック保守である。

一方、バイデンは、ケネディ以来民主党を支持するリベラルなカトリックで、トランプなど共和党を支持するカトリック保守とは割れている。本書では、保守政権と福音派やカトリックとの関係、そして二〇二〇年大統領選挙などを題材に、アメリカの政治に大きな影響を与えるようになっている宗教ナショナリズムについて明らかにしていく。

二〇一六年にヒラリーに勝利して以来、トランプは大統領としてアメリカに君臨してきた。しかし批判も多く、二〇二〇年の選挙戦では共和党議員や関係者が離反し、再選阻止の動きがあった。二〇一九年末には、共和党員や元共和党員による政治活動委員会（PAC）、「リンカーン・プロジェクト」が立ち上げられ、「反トランプ」のテレビ広告を次々に放映するなど積極的活動を展開していた。

このプロジェクトの参加者らは、かつて民主党大統領候補に投票したことはなかったが、コロナウイルス対策を失策とし、トランプの再選阻止を目指して、二〇二〇年四月にすでにバイデン支持の姿勢を表明していたのだ。

こうした動きはさらなる展開を生み出し、七月には、ジョージ・W・ブッシュ大統領を支えた関係者ら数百名が、トランプ再選阻止のため新たなPACである「バイデンを支持する第四三代大統領の同窓会（43 Alumni for Biden）」を創立した。

この他にも多数の「反トランプ」の共和党員らによる組織が立ち上がっていく中で、トランプ再選委員会も強化された。二〇一六年の選挙のときにも貢献した側近中の側近らが次々と集結し、巻き返しをはかっていく。共和党大会で大統領候補に正式指名されると、トランプは新型コロナウイルス拡大に対する中国の責任追及、中国の影響力が増大する世界保健機関（WHO）からの脱退、5Gからの「ファーウェイ」など中国通信機器メーカーの排除、中国の香港やウイグルの人権弾圧批判など、中国への強硬的な態度をスタートさせた。

こうした一連の反中国政策を理解するうえでも、宗教ナショナリズムがキーワードとなる。中国の共産党政権下では宗教の自由が許されず、弾圧の対象だからである。ブッシュ大統領は、反イスラムのキリスト教ナショナリズムだったのに対し、トランプは、福音派やカトリック保守に加え、ユダヤやモルモン、そしてイスラムをも内包し得る宗教ナショナリズムである。

ペンシルベニア州、ミシガン州、アリゾナ州、アイオワ州といった二〇一六年大統領選挙ではトランプが勝利を収めた「激戦州」、そして共和党の上院での多数党の立場を維持するために共和党候補の勝利が不可欠な州に、オブライエン大統領補佐官やポンペイオ国務長官、バー司法長官など主要閣僚らが相次いで入り、中国批判スピーチをさかんに行った。ポンペイオは福音派で、バーはカトリックであり、宗教を弾圧する中国への厳しい態度と言える。

一方、バイデンは、トランプとは対照的にコロナ感染に配慮して派手な選挙戦は行わず、常にマスクを着用し対面でも屋外での最低限の活動にとどめ、医療や環境政策の強調、また激戦州であるラスト・ベルトではトランプを意識して、製造業の再生を掲げた。

バイデンはトランプの政策から影響を受け、結果的にこれに対応した選挙戦を打ち出した。それはラスト・ベルトでの雇用の回復だけでなく、彼の出自であるアイルランド系カトリックという宗教ナショナリズムを意識した選挙戦であった。

本著ではトランプを支持した福音派だけでなく、カトリック保守、ユダヤ教徒やモルモン教徒などを含む宗教ナショナリズムとは何であるか、そしてそのトランプの宗教ナショナリズムを意識したバイデンの選挙戦と彼の今後の政策、内政や対中国の外交政策についても明らかにしていく。

第一章

トランプ再選の鍵を握っていた「福音派」

†五月に起きた「ブラック・ライブス・マター」暴動

二〇二〇年の五月末ミネアポリス近郊で、黒人ジョージ・フロイドが白人警察官によって押さえつけられて死亡した事件を発端に、全米で反人種差別デモや暴動が起きた。「ブラック・ライブス・マター(Black Lives Matter)」を掲げた抗議運動は、今でも続いている。

トランプ大統領は、六月の人種差別撤廃デモに対して、米空軍制服組トップに初の黒人を承認し、また警察改革の大統領令へ署名するなど懐柔策を実行したものの、黒人に対して好意的なメッセージを発することはなかった。

さらに、失業状態や低所得の人々に経済を改善することで仕事を与えたと主張したが、「低所得者や失業者を黒人の代名詞的に使った、上から目線の発言だ」と受け止められ、かえって反発を買った。

これまでにも差別的発言がたびたびメディアで批判されてきたトランプにとって、この一連の流れは大統領選挙戦で不利にはたらくだろうとされ、現実に再選はならなかった。その実態はどうだっただろうか。

本書の中心テーマであるアメリカの政治を動かす宗教ロビー、大統領選挙戦の行方を左右したであろう宗教票を考慮すると、黒人に好意的なメッセージを出したほうが選挙戦に有利だったと断定するのは難しい。トランプの再選の鍵は、キリスト教保守の「福音派」が握っていたと言えるからだ。

大統領選挙でも重要な争点となる人種問題の根は深く、黒人奴隷制度をめぐる論争もまだ忘れられていない。一八五五年に勃発した内戦である南北戦争の原因となったのは、奴隷制度の廃止か継続かであった。保護貿易か自由貿易かという産業構造や経済政策の違いなどの原因もあったが、それらより南部が優先して望んでいたのは黒人奴隷制度の存続だった。現在に至っても、南部の軍事リーダーだったリー将軍像の撤去が論争となっているくらい、南部は北部より人種差別が強いとされている。

南部には、プロテスタントのバプティスト（洗礼派）の団体「南部バプティスト連盟」があり、白人を中心に発展していた。バプティストは一七世紀にピューリタンというイギリス国教会から宗教的迫害を受けながらアメリカにたどり着いた一派で、万人司祭と政教分離を唱えているにもかかわらず、アメリカでは、その後保守政治と強く結びついていた。南部バプティスト連盟は、南北戦争前に黒人奴隷制度維持を主張し、これに反対する他のバプティストのグループから分裂しながらも、その後、アメリカプロテスタント系キリスト教では最大の信徒数を誇る最大教派にまで発展していく。

二〇～二一世紀に人種隔離や差別撤廃の改革は行われたが、南部では白人教会と黒人教会のセグリゲーション（隔離）の改善は行われなかった。黒人の公民権運動で有名なキング牧師は、この南部バプティストの黒人教会の所属であり、ここには少なくとも一九六〇年代の時点で黒人しかおらず、公民権運動も黒人教会で始まった。やがて、白人中心主義的な南部バプティスト連盟から離脱した白人牧師の賛同を得て、白人が黒人に協力することで運動は拡大した。

キリスト教の神の前では本来、黒人も白人も他の人種も平等であり、共生こそあるべき姿である。しかしそれは理想論であり、特にアメリカ社会の場合、理想からかけ離れた差別の現実がある。この公民権運動がある程度成功したのも、白人の賛同を得ることができたからだった。当時は、白人で公民権運動に賛同し黒人と白人の共生を唱えると、南部バプティスト連盟から脱退を強いられた。

そのような経緯がある南部バプティスト連盟は、いまだ白人中心的な傾向が強く、他の教会や信徒団体にくらべると、神学的にも政治的にもキリスト教保守で右派的であるが、中西部から南東部にかけてのキリスト教団体の中核的な役割を果たしている。

新型コロナウイルス拡大の最中、選挙戦本番が始まる直前に再燃した「ブラック・ライブス・マター」。コロナ対策では失敗も目立っていたトランプのここでの言動は、むしろ大統領選挙を見据えて、南部バプティスト連盟などの福音派への配慮があったのではないかと疑われている。思いのままにふるまっているように見えるトランプが無視することができなかった存在——それがアメリカ政治の鍵を握る宗教票であり、トランプにとっては福音派だったのである。それでは、福音派とはいったい何者なのだろうか。

†聖書を原理主義的に解釈する福音派

アメリカは、人口の約八五％がキリスト教徒という国である。宗教は彼らの生活に密着しているばかりか、冒頭でも述べた通り政治の場でも大きな影響力を持ち、現在では大統領選挙の行方すら左右するようになった。キリスト教にはカトリックとプロテスタントがあり、前者二三％、後者五五％という内訳になっている。つまり人口の半数がプロテスタントだ。プロテスタントは、聖書の解釈によって主流派と福音派に大きく分かれている。

主流派とは、アメリカ聖公会、そして長老派、ルター派、メソジストなどのキリスト教連

[図1] プロテスタントの宗派系図

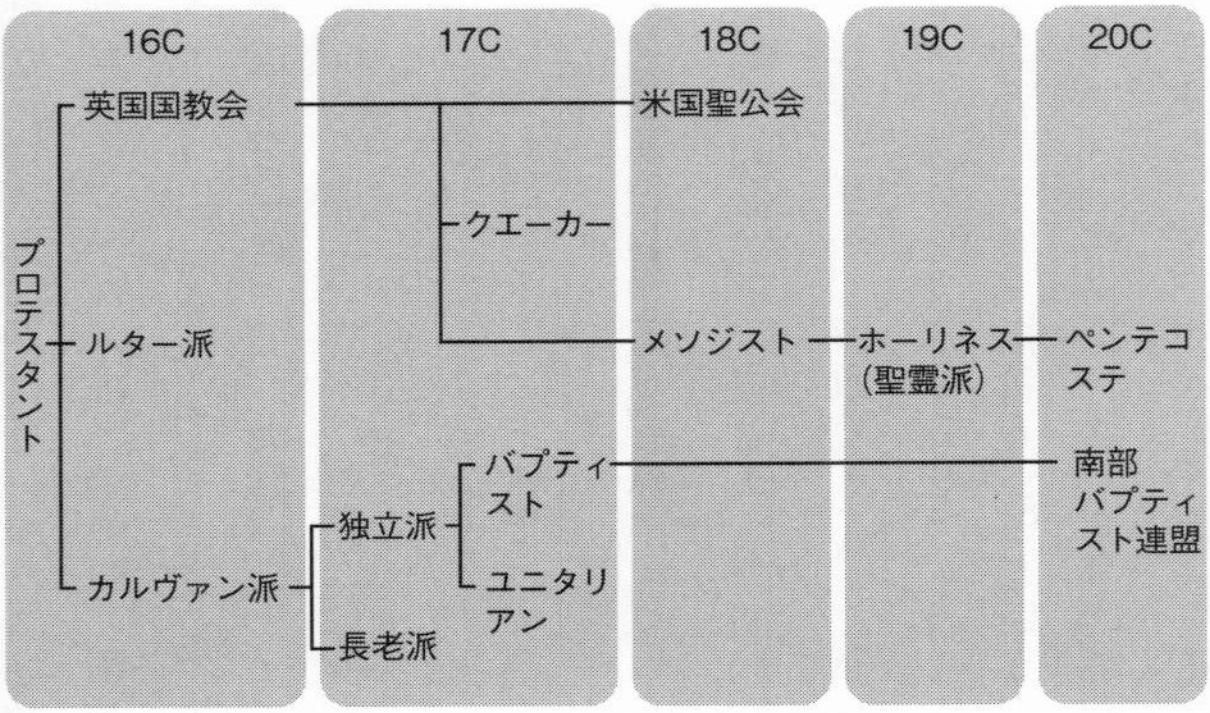

合協会など、いわゆる正統派のプロテスタントである。これに対して、プロテスタントが発展する過程で生まれた新たな宗派のひとつに、カルヴァン派的な傾向の強い福音派がある。主流派に対して、非主流派と呼ばれる。なお、主流派＝多数派という意味ではなく、実際に非主流派である福音派の人口は増加傾向にあり、プロテスタントの三五％近くを占めるという。（**[図1]**）

福音派とは、聖書の福音書を信じる一派であった。「福音（Good News）」とはキリストの言葉のことであり、新約聖書のマルコ、マタイ、ルカ、ヨハネによる「福音書」は、キリストの生と死、そして復活を遂げるまでの言行を弟子たちがまとめた記録である。

元々は福音書に書かれていることを忠実に守り行動する一派だが、アメリカでは福音書を文字通り解釈して絶対視する原理主義的なキリスト教徒を「福音派」と指す場合が多い。中絶に強固に反対し、進化論を否定し、神による創造論を信じる人たちである。そのため、「原理主義」とも呼ばれている。前項に出てきた南部バプティスト連盟もそうである。

福音主義は、プロテスタントの教え全般を表現するのに使われ、エキュメニカル（キリスト教の教派を超えた結束を目指す運動）であり、福音派のような排他性を帯びた政治的な意味合いはない。

しかし、実際のところ福音派の定義は曖昧で、カトリックやプロテスタントのようにきっちり制度化された組織があるわけではない。そのため社会的・政治的要因などで流動的な用語である点に留意する必要がある。

ここで「福音派」と併せてよく使われる「宗教右派」や「宗教保守」、「原理主義」といった言葉について整理しておく。

一般的に「宗教右派」=「キリスト教右派」、「宗教保守」=「キリスト教保守」=「福音派」と表現されることが多い。しかし、これらの用語は保守的なキリスト教徒が政治活動に直接関与するようになった後にメディアが使用しているもので、厳密な定義はないため、現状は「宗教右派」、「宗教保守」、「原理主義」、「福音派」もほぼ同じ意味で使われている。「福音派」には元来左派も存在するにもかかわらず、アメリカの文脈では「宗教保守・右派」とほぼ同意で使用される。

「原理主義」という言葉は、聖書に書かれていることを絶対視し、「この通りに実行することが真の救いの道であり、キリスト教徒にふさわしい」と信じている者たちに使い、元々はキリスト教に起源がある。その後イスラム教徒に使われるようになり、コーランに書かれていることを絶対視し、それを実行する者たちを指すようになった。

キリスト教原理主義は、例えば「聖書で子供をたくさん生むことを推奨している、ゆえに中絶は罪と解釈し、中絶を行う産婦人科の医療施設を銃撃する」などの極端で暴力的な行為に及ぶ場合もある。イスラム原理主義が、時々テロリストと同意語として使われるのはそのためである。しかし、現在メディアはキリスト教原理主義を「政治化した福音派」「宗教保守」という文脈で使っており、暴力的な行為を伴う極端な信仰には限っていない。

†白人ナショナリズムと結びついた福音派の歴史

それでは、福音派はどのように発展していったのか。

キリスト教の発展の系譜は、地域（欧州、アジア、北米など）、言語圏（英語圏、ラテン系言語圏など）、さらに国によって異なる。例えば、正教会では、ギリシア正教、ロシア正教、アルメニア正教、ウクライナ正教などの系譜が見られ、これらは特に二一世紀はロシアの外交・軍事・安全保障関係とも相まって、極めて政治的な発展過程があるように、国ごとのナショナリズムと結びついている。

そもそもカトリックは伝統的に信者が直接聖書を読むことはなく、聖職者が聖書を信者に読み聞かせる、あるいは聖書からの引用や聖書解釈を信者に説く場合が多かった。そのため、カトリックで聖職者になるには、現在もラテン語や神学を長期にわたって学問として修め、試験にパスするなどのプロセスを経る必要がある。高位聖職者になるためにはそのハードルがより高いため、カトリック教会では、ヒエラルキー（聖職位階制度）と呼ばれる身分制度が存在する。

組織論的なことを言えば、このような身分制度なり上下関係がある方が、組織は長期間存続し得るもので、その証拠にカトリック教会は、様々な批判を受けながらも二〇〇〇年間、存続してきた。こうした上下の身分制度は二一世紀的でないとの声もあるが、カトリックの強みは国境を越えたトランスナショナルな横のつながりをもっている点である。また、その垂直的な組織は水平的な組織より、よく機能しているようだ。

一方、プロテスタント教会は、いくつもの教派に分かれており、横の連携がそれほど緊密ではなく、国単位で発展してきた歴史があるので、同じ教派でも国や地域が違うと異なる信仰文化を持つ場合もある。そうした影響もあってか、プロテスタント教会の中では特に福音派は愛国心と結びつく傾向が強く、欧州など他のキリスト教諸国と異なる独自の発展をしてきた。

一七世紀にイギリスでピューリタン革命を起こし、国王を処刑して共和制政治を実現した清教徒たちは、その後の王政復古でイギリス国教会が復権すると「非国教徒」として差別されることになる。そうした政治的・社会的な差別や、王政体制に不満だったピューリタンたちが新大陸に渡り、理想の「神の国」を創った。これがアメリカ合衆国である。

厳密には北米への入植はピューリタン革命より前に始まっており、イギリス国教会徒も渡米するが、ピューリタンの方が主要な政治勢力となっていく。このピューリタンは、新大陸でのキリスト教の布教・宣教活動に特に熱心であった。ネイティブ・アメリカンであるインディオなどに対して布教・宣教活動を行っていたのも、彼らだ。

本国でのイギリス国教会と、ピューリタンである非国教徒の神学的な違いに少しだけ触れよう。国教会はいい意味でも悪い意味でも中道的なキリスト教会で、イギリス国王ヘンリー八世がローマ教皇と（離婚と徴税権をめぐり）対立し、イギリス独自の教会を発足させたのが始まりである。つまりその起源は政治・経済的な理由にあり、よって宗教教義はそれほど厳格ではない。

一方、後者は欧州ドイツで起きたルター派よりも、スイスのカルヴァン派から強い影響を受け、イングランドやスコットランド啓蒙とのつながりの中で、長老派などの形成とも関わりが強い。カルヴァン派は〝人間の救済はあらかじめ定められている〟という予定説をとっている。予定調和的な傾向が強いため、聖書のヨハネの黙示録などの終末論と結びつきやすく、その教義も聖書の内容に厳格である。

こうした終末論的な影響を受けた流れは宗教覚醒運動などを経て、ピューリタンはバプティストとの親和性を高めることになる。バプティストは一七世紀初期のイギリスで国教会から分離独立して設立された一派で、幼児洗礼を信じず「再洗礼」、つまり自分の意思で洗礼を再び受けて生まれ変わる自発的なキリスト教信仰とされる。

この肉体的ではなく精神的に再び生まれ変わる体験を、「ボーン・アゲイン（回心体験)」と言う。一八世紀頃、メソジスト誕生のきっかけとなったメソジスト運動を興したイングランドのジョン・ウェスレーやアメリカの神学者ジョナサン・エドワーズによって提唱された〝神の怒りとしての罰から逃れ、魂が救われるために回心する〟という考えに始まっており、実際にエドワーズの説教を聞いた人々が罪の意識から泣き叫び、気絶したり、激しいけいれんを起こしたりしたという記録が残されている。アメリカでもブッシュ・ジュニア元大統領が、アルコール依存症から抜け出す際に「ボーン・アゲイン」を体験したキリスト教徒であると公言し、話題となった。

歴史的には、イギリスのピューリタン革命の時にリーダーのクロムウェルの下で活躍した軍隊であるニュー・モデル軍内に、この信徒が多かった。この軍は、清教徒革命(イングランド内戦)期のイングランドで創設された軍隊である。各地からの寄せ集めでできた従来の軍制を一新、議会の指揮下で集められた議会派の新たな軍隊として、王党派との内戦を勝利に導いた。王政復古で解散させられたが、一部は近衛兵として引き継がれ存続しており、イギリスにおける国民軍(常備軍)の先駆として評価されている。

バプティストは、イングランド本国で宗教の要として扱われた。クロムウェルら独立派が推し進める宗教統合政策で、ピューリタン諸宗派の中でも独立派・長老派・バプティストを中心として、国教会に代わる国家教会制度が共和国で構想された。しかしすでに述べたように名誉革命が起こり、一六六一年に王政復古となり王権が返り咲くと、共和制体制を支持するバプティストも非国教徒として「二級市民」の扱いを受けるという結末をむかえた。これを不満とした彼らがアメリカ大陸に渡り、新天地での布教活動や発展を遂げることとなる。

既出の南部バプティスト連盟は、一九世紀中盤にアメリカ南北戦争期に南北に分裂したバプティストの一派を起源(奴隷制度維持派)とし、現在はアメリカプロテスタント系キリスト教の最大教派である。他の教会や信徒団体にくらべると、神学的・政治的に保守・右派的であり、キリスト教根本主義の傾向が強い。

例えば、聖書のパウロ書簡にある「女性の男性への服従義務」を信仰告白に明記している。こうした保守的傾向に反発したジミー・カーター元大統領をはじめとするリベラル系の信徒の脱退・転会が、一時期相次いだ。

以上が、アメリカの文脈と政治的な経緯によるバプティストや福音派の変遷の歴史である。バプティスト(アメリカでは少数派)は本来政治的にはリベラルであり、日本バプテイスト連盟はこの立場に近いことから、南部バプティスト連盟とは距離を置いている。

†トランプを支持した福音派の労働者階級と中流の白人たち

二〇一六年大統領選挙でトランプを支持した人々の多くが、敬虔なプロテスタント信者であり、この福音派だった。

彼らは、肉体労働に従事する労働者階級の白人や中流の下層の人たちである。白人の下流層から労働者階級は、グローバル化で衰退した産業、例えば鉄工業や石炭産業などに従事してきた。移民に仕事を奪われたという思いが強いことから、トランプの移民規制、例えばメキシコとの国境に壁を造るなどの政策に賛同した。また、環境規制によりCO_2を多く排出する石炭に厳しい目が向けられる中、トランプは環境問題には消極的だった。炭鉱産業などに従事する労働者らがトランプを支持するのは、自然な流れだったと言える。

また、アメリカではこのままヒスパニックなどの非白人の移民が流入し続けると、数年後には、白人が有色人種より少なくなるというデータがすでに出ている。二〇一六年の選挙戦略担当でその後しばらくトランプの側近だったスティーブ・バノン、彼を担ぎ出したオルトラ・ライトと呼ばれるブライト・バード等の右派系団体が、それを脅威に感じている白人のメンタリティに訴えるのに成功した。

その結果、二〇一六年の選挙では、実に白人の福音派の八一%がトランプに投票したと、一一月九日米紙「ウォールストリート・ジャーナル」は報じた。さらにカトリックの五二%がトランプを支持し、その支持率を押し上げた。スティーブン・バノンもアイルランド系アメリカ人であり、労働者階級の保守的なカトリックだった。

バノンがホワイトハウスの首席戦略官だった期間は、こうした白人の不満を取り込むトランプの政策と、白人優位主義を掲げる右派団体との関係が取り沙汰された。バノンとトランプの白人ナショナリズムとの関わりについては、国際政治学者、渡辺靖氏の著書(『白人ナショナリズム——アメリカを揺るがす「文化的反動」』中公新書)に詳しい。

筆者自身も、二〇一七年末のバノンの来日講演に参加し、質疑応答で質問し、彼が反グローバル主義であり、反中国であり、多国間より二国間外交を重んじることを確認した。自らがブルー・カラー出身であることを誇りとし、反グローバル主義ゆえに移民に反対するのだというバノンが白人優位主義者かどうかは疑問だが、ナショナリズム的な考えはのちにトランプの政策に反映された。

その後バノンは更迭、さらにメキシコとの国境に壁を建設する募金詐欺の疑いで逮捕された。またラスト・ベルトでの白人労働者の雇用は、コロナ禍で期待したほど改善されなかった。そうした状況を受けて、バイデンは、生誕地がペンシルベニアで中流出身なのだが、アイルランドの有名な詩人の詩を引用するなど、アイルランド系カトリックの労働者階級の出自であるというレトリックをうまく使った。白人男性であることから、ヒラリーより労働組合のマッチョ文化へのアピール力はあり、ラスト・ベルトでの郵便投票による逆転劇につながったと考えられる。

†州や地域による人種差別と宗教差別の違い

アメリカの政治を正確に把握するために重要なことのひとつに、州制度がある。各州で法律や税制、福祉制度も異なり、それぞれがひとつの国家のような存在である。州には大幅な自治権があり、アメリカはそれが五〇集まっている連邦制の連合国家である。宗教や人種を考える上では、この州や地域による温度差に配慮する必要がある。

「ブラック・ライブス・マター」運動を見ていると、アメリカには多くの黒人がいる印象を持つ人もいるかも知れない。しかし、実際は全米人口のわずか一三％に過ぎない。北部の工業都市には黒人が多く居住しているが、これはすでに述べたように南部ではまだひどい黒人差別があり、また北部は工業地帯で雇用があるという理由がある。例えば北部の都市のシカゴでは人口の三〇％が黒人であるが、これは例外的に多い事例である。

アメリカの多くの都市では、中流以上の裕福な白人やアジア系は郊外の庭付き一軒家に住み、黒人やヒスパニックは都市の中心部に近いアパート等に住むという、ライフスタイルと職業と居住地の住み分けがある。

コロナ感染症拡大で明らかになった、都市部に必要な配送員や食料・医薬品店の店員、ゴミ収拾スタッフ、病院の清掃員等、いわゆるテレワークなど不可能なエッセンシャル・ワーカーには、黒人やヒスパニック等の移民の占める割合が非常に高い。シカゴで、コロナ感染症で亡くなった人の七〇％が、黒人であるというデータもある。

一方ヒスパニックは、キューバやメキシコなどラテン・アメリカからの移住者が多いことから、北部には少なく南部に非常に多く、州によっては人口の四〇％近くがヒスパニックの地域も存在する。また、全人口の五％程度のアジア系は、カリフォルニア州の北部のシリコンバレーに極端に集中している。特にインド・パキスタン等の南アジア系が、IT等のいわゆるGAFAに動員されている頭脳であることはよく知られているが、戦前から中国系や日系人等のアジア系は、カリフォルニア州に多く住んでいる。

このように人種問題は、職業等の経済構造や居住地と深く関わっているので、単純に白人対非白人では議論することはできず、地域や社会構造と切り離せない。ここに宗教要因を入れると、さらに様相は複雑さを増す。GAFA関連で言うなら、トランプが初期に出した大統領令「イスラム教徒のアメリカ入国制限」では、イスラム教徒の南アジア人の出入国が困難になりアメリカのIT産業に一時的に支障をきたす事態となった。

人種差別もそうだが、宗教差別もアメリカ社会・経済にダメージをもたらすことが分かる。この「イスラム教徒のアメリカ入国制限」は期限付きの一時的なものであり、数カ月で効力を失った。そしてイスラム国（IS）のリーダー、バグダーディーが二〇一九年一〇月二六日に殺害されると、スンニ派のイスラム過激派の脅威は去ったと見なしたのか、トランプ政権では、シーア派の対イランを除いては、イスラム教徒への敵対的な政策は見られなくなった。

†福音派カリスマ牧師たちとメガ・チャーチ

このようにアメリカ社会には、市民たちの生活に宗教が根付き、重視されているだけあって、教会や牧師の存在も大きい。そのため、宗教リーダーとしてカリスマ牧師が存在する。

日本は、戦後身分的平等主義が確立されたものの戦前の身分制が一部残っていて、二世や三世議員の存在はしばしば批判の対象である。それに対してアメリカは、元々イギリスの王政や貴族制度を嫌ったことが建国理念にあることから自由と平等が貫かれており、世襲制は表向きには存在しない。しかしアメリカの議員には、父親や親戚が以前活躍していた政治家だったという二世や三世が一定数存在する。例えば、ケネディ家やブッシュ家がそうである。

そして、カリスマ牧師にも二世はいる。父親の「宗教帝国」「福音派帝国」を受け継いでいるカリスマ牧師は少なくない。特にトランプ政権を支持したトランプの宗教アドバイザーである牧師には、そうした経歴の持ち主がかなり存在していた。

ここで、そうしたカリスマ牧師が存在している福音派の「メガ・チャーチ」と呼ばれる教会がどんなところかを軽く紹介しよう。

キリスト教徒の中には、キリスト教、特にプロテスタントが細かく教派に分かれていてそれに固執する教派主義を煩わしく思っていたり、また中絶等を容認する極端な神学的自由主義に幻滅したりしている人々もかなり存在している。そんな彼らにとって、メガ・チャーチはエンターテインメント性が強いこともあり、魅力的な選択肢となっていったのだ。

メガ・チャーチは、マーケティング会社と協力して、人々の嗜好やニーズを追求しており、素晴らしい礼拝堂や、テクノロジーを駆使した洗練された礼拝スタイル、ロック・バンドによる演奏などが、テレビなどでたびたび紹介されている。その結果、多くの人が集まっていったのである。

メガ・チャーチは二〇二〇年現在全米で約一五〇〇前後あると言われ、上位五〇位は平均出席信徒数週一万人である。最大規模のものはテキサス州のヒューストンにあるレイクウッド教会で、この施設はNBA（バスケットボール）ヒューストン・ロケッツの本拠地で通称「ザ・サミット」コンパック・センターの本部を買い取り、セントラル・キャンパス（本拠地）としている。

このメガ・チャーチ創設者はジョン・オスティーンで、現在は息子のジョエル・オスティーンと妻のビクトリアが率いている。このジョエル・オスティーンは、トランプ前政権と距離を置くと言いつつも、基本的には支持する立場だった。

設立は一九五九年で、二〇〇三年にこの旧コンパック・センター跡地に移転し、現在では世界中から週に四万三〇〇〇人の信者が礼拝に来る。礼拝の模様はテレビを通じて世界一〇〇カ国以上に配信されているほど、全米及び世界に知られる存在である。

創設したジョン・オスティーンは、オクラホマ州にある私立オーラル・ロバーツ大学で福音派の神学を学んだ。この福音派大学は、デイビッド・グリーンという大富豪の寄付金によって主に運営されている。このグリーン家は、「聖書博物館」の建築資金の大半を支出したことでも知られている。この「聖書博物館」はトランプ政権誕生後にワシントンに開館、キリスト教系団体やロビーと政府関係者のイベントなどに使用している。

†政治とつながってきた福音派大学の系譜

オーラル・ロバーツ大学以外に、全米には多くの福音派大学が存在し、それらはメガ・チャーチのカリスマ牧師等によって創立される場合がほとんどである。そこで学んだ学生たちは、福音派のカリスマ牧師として再生産される。

しかしそれだけでなく、これら福音派大学の卒業生たちは、ワシントンに進出して保守系のロビー活動に食い込み、その中での成功者は、キリスト教系団体やロビーの幹部に昇りつめ、トランプ政権やブッシュ・ジュニア政権など、共和党で宗教保守と親和性の高い大統領の側近やアドバイザー等として、アメリカの政策に影響を及ぼしている。

有名なテレビ伝道師、ジェリー・ファルウェルが創立し、その息子でありトランプの主要な宗教アドバイザーとなったジェリー・ファルウェル・ジュニアが引き継いで二〇二〇年八月まで学長職をつとめていたリバティー大学は、ワシントンの宗教系にして保守系シンクタンクに人材を送り込んでいる。例えば福音派のキリスト教保守系のシンクタンク、「家族調査評議会」のトップをつとめるトニー・パーキンスがその一人である。

ジェリー・ファルウェル（一九三三〜二〇〇七）は、代表的なキリスト教福音派のファンダメンタリストで、南部バプティスト連盟に所属する牧師、テレビ伝道師だった。福音派のキリスト教原理主義勢力をとりまとめて共和党を支援するなど政治的に強い影響力を持ち、大統領候補者ですら無視することができないカリスマ牧師であった。政治的にも保守で強硬な姿勢を持ち過激な発言が多いため、大きな論議を呼ぶこともあった。彼は福音派の私立学校であるリバティー校を小規模なキリスト教学校から徐々に発展させ大学とし、また強力な保守派圧力団体の「モラル・マジョリティ」の創設者でもあった。

息子の名前もジェリー・ファルウェルであるため、ジェリー・レイモン・ファルウェル・シニアと表記される。彼はミズーリ州のスプリングフィールドにあるバプティスト聖書大学を卒業後、リンチバーグでトーマスロード・バプティスト教会を設立。信徒わずか三五人からのスタートだったが、その後二万人にまで増えている。教会は牧師となった次男のジョナサン・ファルウェルが引き継ぎ、現在、全米一五〇〇程度あるメガ・チャーチのうちベスト一〇〇に入り、四〇位程度（二〇一五年）の規模を誇っている。

ジェリー・ファルウェルが、カトリックで保守系シンクタンク設立者として知られるポール・ワイリックと共に設立した「モラル・マジョリティ」は、レーガン大統領を当選させた組織として有名になった。特に元々カトリックが主張していた中絶反対を政治問題化させ、家族的価値観としてアメリカの愛国心と結びつけて、レーガン有利に導いた。その後も共和党と福音派をつなぐ重要な組織として「モラル・マジョリティ」を率いた。

このリバティー大学は、トランプ前政権と強いつながりを持っていたことで有名だが、すでに述べたように他にも福音派の大学やカレッジは数多く存在する。以下は代表的な大学で、テネシー州のナッシュビル、オクラホマ州のオクラホマ、ウィスコンシン州のウォーター・タウン、ウィスコンシン州のダンバー、ミネソタ州のオワタナーなどに、それぞれ「バプティスト聖書大学」がある。

リバティー大学に次いで有名な福音派の大学として、ボブ・ジョーンズ大学がある。サウスカロライナ州グリーンビルにある私立大学で、一九二七年バプティスト派の伝道師ボブ・ジョーンズ・シニアにより創立され、彼の子孫が代々学長職に就いている。リバティー大学と同様に、世襲制であることも興味深い。

ボブ・ジョーンズ大学は、キリスト教根本主義を学是とすることで知られている。一九七五年まで黒人の入学を制限し、二〇〇〇年まで異人種間の男女交際を学則で禁じていた。かつてアメリカ大統領選挙では大統領候補にとってボブ・ジョーンズ大学で講演することは、キリスト教右派の票田を獲得するための踏み絵のようなものと認識されていた。ブッシュ・ジュニア政権がこれにあたり、この大学の卒業生で福音派の人物がブッシュ政権でネオコンとして活躍していた経緯があった。

このボブ・ジョーンズ大学もリバティー大学もそうだが、これら福音派大学は白人中心的であり、黒人学生の入学を制限したり、白人と黒人が「混じる」ことを嫌がったりするところもある。こうしたことが、人種差別的で白人中心的なキリスト教福音派の系譜を再生産しており、トランプを支持していた福音派にもこうした傾向が引き継がれている。

本章では、宗教保守の代表格ともいえる福音派の概要について述べたが、大統領選挙における重要性や政治への影響力については、次章以降でより詳しく説明していく。

第二章 「神の国アメリカ」で高まる宗教ナショナリズム

†政治以外の世界でも宗教が身近な「神の国」

アメリカの人口の約八五％が何らかのキリスト教信者であり、プロテスタントはそのうち五五％を占め、カトリックは二五％弱であることは先に述べたが、残りの五％はアーミッシュや黒人キリスト教会、または新興宗教系のキリスト教徒である。

新興宗教系キリスト教とは、エホバの証人、ものみの塔やクリスチャン・サイエンス、サイエントロジーなどで、アメリカではこうしたカルト的な新興宗教系のキリスト教もそれなりの信者数を抱え、活動も活発である。

こうした新興宗教団体の中には、入信勧誘方法が強引で詐欺まがいということで、ヨーロッパでは宗教法人として活動が許可されていない宗派もある。しかしアメリカでは、「信仰の自由」の名の下にこれらの活動が認められている。

例えば一九五四年にサイエンス・フィクション作家、ロン・ハバードが設立したサイエントロジーは、自己啓発に近いものだが、俳優のトム・クルーズなどセレブ信者の存在で有名である。トムはこの団体の広告塔であり、以前カトリックの女優ニコール・キッドマンやケイティ・ホームズと婚姻関係にあったことから、これらの結婚はサイエントロジーの非カルト化活動の一環だったのではないかと噂されるほどである。カトリックは、アメリカではプロテスタントに比べると信者数は半数以下で、歴史的にも差別されてきたが、新興宗教から見れば、プロテスタントより長い歴史のある正統派のキリスト教会であるからだ。

このように、アメリカでは、キリスト教が政治の世界だけでなく、ハリウッド・スターなどエンターテインメント界でも、人々の身近な話題なのである。

†人口二%のモルモン教徒と三%のユダヤ教徒の存在感

キリスト教徒以外の一五%には、三%のユダヤ教徒、二%のモルモン教徒（正式名は末日聖徒キリスト教会 Church of Jesus Christ Latter Day Saints）がおり、ユタ州を中心にこの州の周辺に集中している。それ以外の一〇%は、イスラムと仏教とヒンドゥー教徒、新興宗教と無信仰を合計したものである。

しかし、この数値だけに惑わされてはならない。数値が多いほど影響力があるとは言い切れず、組織力や資金力、また各宗教団体がどれぐらい政権などの権力の中枢とつながっているかが重要である。その最も分かりやすい事例が、ユダヤ教徒である。

ユダヤ教徒は人口の三％という少ない数であるにもかかわらず、ユダヤ・ロビーと呼ばれ政権や国際政治でのプレゼンスが高く、アメリカの対中東政策に大きな影響を持つ。その影響力が大きいだけに、「ユダヤ人の陰謀」的な本も多く出版されている。その多くはでっち上げの陰謀説であり真実とはかけ離れているが、彼らの影響力が軽視できないレベルであることを物語っている。

トランプ前政権で言えば、イバンカ・トランプの夫、クシュナーがユダヤ教徒として知られていた。ユダヤ教は母系宗教であることから、夫妻の子供をユダヤ教徒として育てるためには、イバンカの改宗が必要だった。クシュナーとの結婚に先立って二〇〇九年に、イバンカは正統派ユダヤ教に改宗しており、シナゴーグを訪れるなどユダヤ教への篤い信仰心を持つ。このように数そのものより、大統領の側近など政治権力に近い位置にいるなどで影響力を発揮している点が重要なのである。

ユダヤ教徒は、ユダヤ国家イスラエルに対するアメリカの支持を後押ししていることでも知られるが、これはユダヤ教徒だけでなく、キリスト教福音派によるキリスト教シオニズムによるものも大きい（キリスト教シオニズムについては、筆者の前著『熱狂する「神の国」アメリカ』の第四章を参照されたい）。

ユダヤ教徒よりさらに少数派のモルモン教徒は、人口のたったの二％であるが、彼らは政治の分野では一定の力をもっている。二〇一二年の大統領選で現職だったオバマ大統領と、共和党の候補として一騎打ちしたミット・ロムニーが同教徒であるところからも、その影響力がうかがえる。

ロムニーは保守穏健派の共和党内の重鎮であり、二〇一六年三月の演説で共和党の大統領候補となったトランプを「詐欺師だ」と批判し、メディアの話題をさらった。その後、二〇一八年中間選挙でユタ州共和党現職上院議員が定年退職し、ロムニーはその後継者として出馬した。トランプが彼への支持を表明したことで両者は和解して、ロムニーは共和党上院議員となった。

モルモン教徒はこのユタ州に多くの信者が集中して居住しており、その信仰内容はキリスト教福音派よりさらに保守的であると言われ、アルコールや嗜好品を含む刺激物を摂取しないストイックなライフスタイルを持ち、ほぼ忠実に共和党支持である。

†重要性を増してきた「豊かな南」

アメリカの政治を理解する上で、前章で述べた州制度に加えてもう一つ重要な要因は地理的な条件である。州政府は国家同様の権限を持つだけでなく、州ごとに議席数が決まっている。その数も重要だが、州ごとに異なる地理的・気候的な条件や歴史的な背景などが、宗教分布と政治に深く関わっているのだ。

「ラスト（錆）・ベルト」「フロスト（霜）・ベルト」「サン（太陽）・ベルト」「バイブル（聖書）・ベルト」など、「○○ベルト」とは、地図上にベルトのように太い線を描いて、これらアメリカの地域による気候や産業状況や信仰態度などを表現するものである。ここでは、「サン・ベルト」を取り上げる。

「サン・ベルト」は「サン＝太陽」の日照時間も長く温暖な気候を有することから、カリフォルニア州などのイメージが強いが、カリフォルニア州だけでなく北緯三七度以南の地域でノースカロライナ州、サウスカロライナ州、ジョージア州、フロリダ州、アラバマ州、ミシシッピ州、ルイジアナ州、テキサス州、ニューメキシコ州、テネシー州、アーカンソー州、オクラホマ州、ネバダ州、アリゾナ州である。これらの州はかつて農業中心であったが、一九七〇〜八〇年代に北部の産業が土地の値段の安さで誘致され、一部移転したり、またハイテク産業などが南部に展開したりした。

最も有名なのはIT産業の拠点となったカリフォルニア州のシリコンバレーであるが、それ以外にも航空産業や軍需産業なども南部を中心に展開するようになる。こうして雇用が拡大したことで南部の人口が増加、またメキシコと国境を接していることからヒスパニック系の移民が流入しやすく、人種・宗教構成に変化がもたらされた。

さらに外国資本の誘致も行われており、日本との関わりで言うなら、トヨタ自動車が自動車産業の拠点であるデトロイトのある北部のミシガン州から、現在はテキサス州にその中核を移転しつつある。テキサス州は議席数三八を誇り、カリフォルニア州の五五に次いで、全米二番目の選挙人数だ。テキサスには油田もあり、経済的に裕福なのはこうした資源によるところも大きい。

南部は、一九世紀の南北戦争での敗北、また二〇世紀になってからもダストボールと呼ばれる巨大な砂嵐や干ばつなどで三五〇万人が他の地域への移住を強いられている。また一九二九年から始まる世界大恐慌の影響も深刻で、長らく貧困状況にあった。しかし上記のような油田の発見や産業地の移転などで経済的に豊かになり、ヒスパニック以外にも白人やアジア系等、全米から人が流入して人口が増えたことで、大統領選挙でも無視できない存在となり、大きな戦略変更が迫られることになってきた。

「サン・ベルト」は、かつての農業中心の貧しい南というイメージがあったが、現在では、「豊かな南」、例えばフロリダ州などの富裕層が定年後に悠々自適な年金生活を送るような地域というイメージへと変化してきている。他にもアリゾナ州に、固定資産税や所得税や消費税が安いことで年金生活者が多く押し寄せてきており、いわゆる「南部」のイメージの向上に一役買っている。

「南部」には一六の州があり、さらに三分割される。大西洋沿岸の南部としては、デラウエア州、フロリダ州、ジョージア州、メリーランド州、ノースカロライナ州、サウスカロライナ州、バージニア州と首都であるワシントンDCのあるウェストバージニア州も含まれる。南東中部であるアラバマ州、ケンタッキー州、ミシシッピ州、テネシー州、そして南西部アーカンソー州、ルイジアナ州、オクラホマ州、テキサス州となる。

しかし、一般的な「南部」の分類はもっと非公式なもので、南北戦争の間にアメリカ連合国を形成した州を指す。これらの州は、現在に至るまでの歴史と文化の背景に共通性がある。南北戦争時の「境界州」(Border states, ミズーリ州、ケンタッキー州、メリーランド州、デラウェア州）が、南部と北部の境界を形成している。これらの州には北部と南部にまたがった歴史があり、奴隷制を容認しながらも南北戦争の時に合衆国（北部）から脱退しなかった。これらの州は南部の一部とも言えるし、そうではないとも言える。ウェストバージニア州はユニークな例で、連合国への参加に気が進まず、バージニア州から離脱してある意味独立を守った。文化的に南部に属するか否かは状況しだいであり、地理的にはアパラチア山脈の中にあり、北部の州と南部の州に隣接している。

†宗教保守的な状況が続く地帯「バイブル（聖書）・ベルト」

アメリカの南部について長々と言及するのは、「バイブル・ベルト」との関係性で重要だからである（【図2】）。

アメリカ中部および南部のキリスト教信仰が篤い地域を指すバイブル・ベルトは、キリスト教福音派が人口に対して比率が高く、キリスト教原理主義的な地域である。南北戦争で北部と闘い敗北したが、その後も「南部バプティスト連盟」として、教会でも白人と黒人のセグリゲーション（隔離）を継続してきた白人中心主義で黒人差別的な傾向がある。

このように、北部が都市化・近代化したのに対して、南部は農業中心で、近代化に背を向けるような反近代主義的な傾向を持っていた。そして、第一次・第二次世界大戦の戦間期から五〇年代の不況や、農業干ばつなどの経済的な困難が起こると、その南部、主にオクラホマ、テキサスやカンザスなどから五〇年間で約一一〇〇万人が中西部、そしてカリフォルニア州などへ大量に移住した。次第に福音派の原理主義的な信仰が西海岸にも持ち込まれ、宣教のためにメガ・チャーチなどが組織された。この大量人口移動で、バイブル・ベルトがサン・ベルトに拡大していったのである。

こうしたバイブル・ベルトの拡大はサン・ベルトの他の地域にも及び、キューバやメキシコと国境を接するフロリダ州、テキサス州やルイジアナ州などは、「元々のバイブル・ベルト」には含まれない地域であった。特にルイジアナ州はフランス領だったことから、宗教的にもカトリックが多く、またハイチを中心としたカリブ海のフランスの植民地からの黒人奴隷の流入によって、アメリカの他の州とは異なる歴史と文化を持っているからである。

北部や沿岸部の大都市等は都会的でありながら、教会は白人牧師の割合が高く、黒人牧師は別に存在する黒人教会内で説教を行い、独自の発展を遂げている。南部の州が長らく奴隷制・人種隔離政策を取っており、人の移動によって北部でも類似した現象は見られる。

［図2］トランプを支持したバイブル・ベルト（2016年選挙）

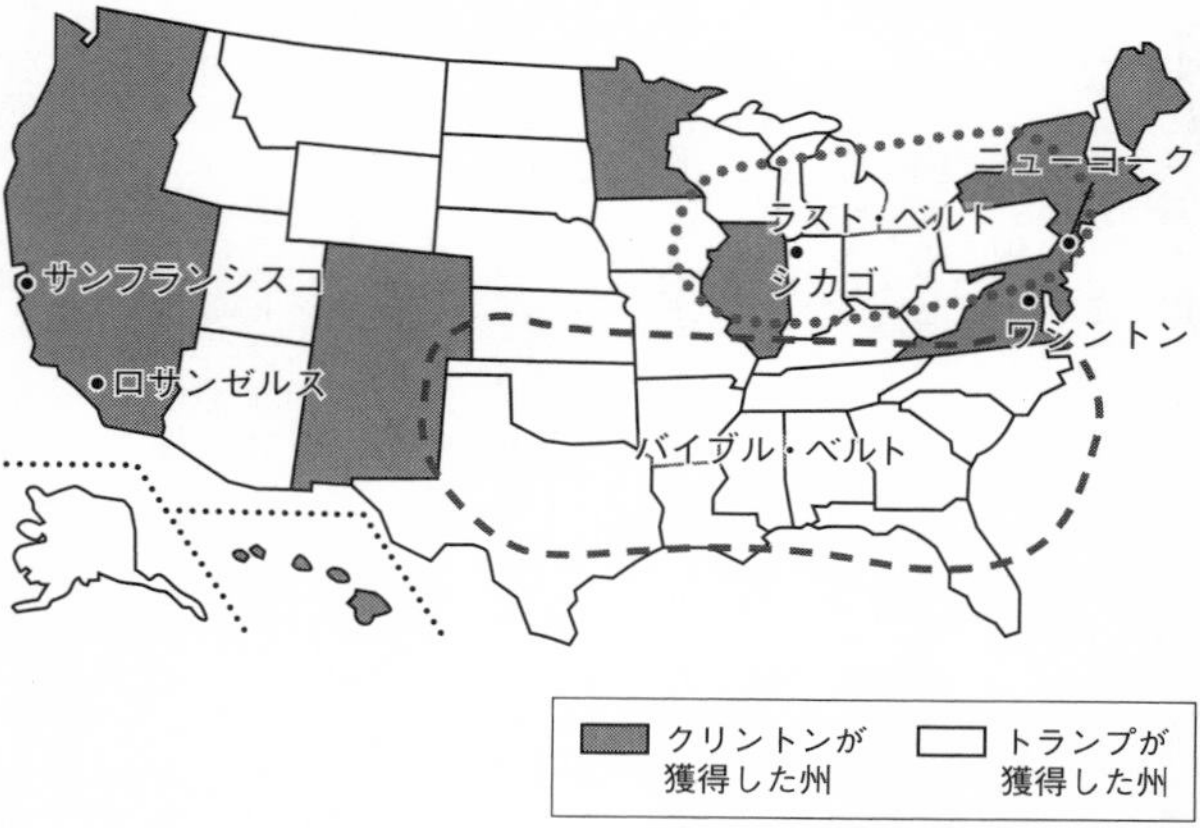

アメリカ南部では、こうした白人と黒人の隔離政策とキリスト教会の存在は密接な関係にある。またアメリカ国内のみならず、歴史的にカリブ海諸国などの中米に存在する黒人の移動にも関わってくる。

一九五九年のキューバ革命以降、フロリダ州の南部には多くのキューバ人移民が押し寄せ、マイアミは、ラテン・アメリカにとっても商業と金融と交通の中心となった。ハイチや他のカリブ海諸国、および中米や南米からの移民は今日でも続いている。キューバやメキシコからの移民にはカトリックが多い。バイブル・ベルトは、元々プロテスタント福音派が多数派の州を指した表現で、カトリックの多い地域は対象外であった。しかし近年の人口動態の変化で、福音派に改宗、もしくはカトリックのままの保守層のヒスパニックも含むようになった。

実際、二〇二〇年の大統領選では、フロリダのキューバ系ヒスパニックのカトリックが一六年より多くトランプに投票し、トランプはフロリダを制した。テキサスでは、非キューバ系、つまりメキシコや他のラテン・アメリカ出身のヒスパニック、特にメキシコとの国境に近いリオ・グランデでは多数のメキシコ系ヒスパニック・カトリック票を得て、トランプが勝利したのである。

従来、白人中心的傾向にあったメガ・チャーチでもヒスパニックを歓迎し、カトリックから福音派に改宗する者も少なくない。こうした人種包摂的傾向は、厳しい差別の対象であった黒人にも及んでいる。黒人教会にも数は少ないがメガ・チャーチもあり、代表的なものとしてテキサス州のT・D・ジェークス牧師ひきいるポッターハウスがあり、黒人中心だが、白人やヒスパニックの信者も少しずつ増えている。

ジョージア州アトランタは、キング牧師の出生地で一九六〇年代に黒人公民権運動の拠点となったが、ここにはエディー・ロング牧師ひきいるニューバースなどがある。どちらも全米に三万人以上の会員を持つメガ・チャーチで、常時ゴスペルを中心とした礼拝が行われている。黒人教会の音楽ゴスペルは、奴隷制の下では自由な言語表現を厳しく制限されたため、歌詞が高度に黙示録的な形態で発展した歴史がある。

ジョージア州は、民主党の黒人女性のステイシー・エイブラムによる、黒人に対する熱心な有権者登録の訴えが功を奏して、一九九二年以来民主党が奪還、二〇二〇年の選挙でもバイデンが取った。実はトランプを支持する黒人票は今回は前回より約四％近く増であったが、ヒスパニック票は五％以上の増となった。

二〇一九年にミシシッピ州の結婚式場が、黒人男性と白人男性の結婚は「キリスト教の信仰」に反するとして、式の開催を拒否する様子を撮影した動画が拡散し、この式場に非難が集まった。その後、この式場の女性オーナーはフェイスブックに、「二〇一九年八月三一日の夕方と夜、九月一日の大半を費やして聖書を調査し、さらに一日夜に牧師と話し合い、私の判断は間違っていたという結論に達した。私の無知を謝罪したい」と投稿したという事件が発生している。

アメリカ最高裁判所は一九六七年、ラビング対バージニア州裁判で異人種間の結婚の禁止を違憲と判断し、それ以降、黒人と白人の結婚は合法となっているにもかかわらず、つい最近まで特にアメリカ南部ではこうした事件が後を絶たないのだ。

二〇一六年、ミシシッピ州では、同性婚やトランスジェンダー（性別越境者）に関し、自身の宗教的信仰に基づいて事業者がサービス提供を拒否することを認める「宗教の自由法」が可決されている。


すでに述べたように、アメリカの人口全体に占める黒人の割合は一三％程度であり、南部に関して言えばこれよりさらに少なく一桁になる。南北戦争敗北後も、厳しい差別や隔離政策が根強く残り、黒人たちは解放されると多くが北部に移住したからである。

二〇二〇年五月末に起きた白人警察官による黒人男性死亡事件は、北部のミネソタ州だったが、南部ではこうした黒人への差別・虐待的な行為は公然の秘密であった。南北戦争の終結で奴隷が解放されたのと同じ年（一八六五年）に、白人至上主義団体「KKK」（クー・クラックス・クラン）が設立されており、これは黒人奴隷制度廃止への抵抗とも言える。

ただKKKは、黒人だけでなくプロテスタントでない白人、カトリック教徒であるアイルランド系移民も差別し、虐殺を行った。つまり、白人というよりWASP（White,

Angro-Saxon, Protestant）優位主義である。ＫＫＫの会員数は一九二〇年代の最盛期には五〇万人に達したこともあったが、最近は約五〇〇〇〜六〇〇〇人と推定されている。また一九世紀に結成されたＫＫＫと現存する組織とは、厳密には異なっている。

トランプを熱狂的に支持したキリスト教福音派は、その多くが「南部バプティスト連盟」であり、地理的にはこの南部、特にバイブル・ベルトに集結している。トランプ自身が人種差別主義者かどうかはともかく、「南部バプティスト連盟」には歴史的に人種差別的な傾向の白人が多いことは確かである。

†多民族国家ならではのエスニック・マイノリティ

そしてこのアメリカ南部やサン・ベルトで注目すべきは、黒人よりはるかに多いヒスパニックの存在である。州によっては四〇％近い人口比率を誇るヒスパニックこそ、大統領選で配慮すべきエスニック・マイノリティなのである。

トランプ前政権は、メキシコとの間に壁を建設し、不法移民の入国を阻止する強硬な政策で知られ、これは一六年の選挙公約でもあったが、対中国やコロナ問題ですっかり影を潜めた。しかし壁は着実に建設されており、二〇二〇年六月二四日にもトランプ自身が視察に訪れている。こうしたヒスパニック系移民排除政策から、トランプはヒスパニックから支持されていないと言われるが、そう単純でもない。

まずヒスパニックと一口に言っても、大きく二つのグループがある。キューバ系とメキシコ系である。前者はキューバ革命以降、社会主義体制を嫌いアメリカに亡命したことから、強烈に反共産主義であり、共和党支持者が多く現在では共和党議員にも一定数存在する。

例えば、一六年選挙で共和党の大統領候補にもなったマルコ・ルビオ議員である。彼はフロリダの上院議員であり、強烈な中国批判を行うカトリック教徒である。合法移民の権利向上を主張するも、不法移民には厳しい措置を要求している、つまりトランプ政権の政策を支持しているのだ。キューバ系のヒスパニックには、ルビオのような考えをする者が少なくなく、こうした態度を持つルビオは、「亡命」中国系や南ベトナム系であるアジア系からも、反共産主義という共通の価値観ゆえに、強い支持を得ている議員である。

またメキシコ系のヒスパニックも、全員がトランプに反発しているわけではなく、投票権を持つ合法の移民に関しては支持する者もいる。

ルビオのようにトランプを支持する層はカトリック保守であり、二〇二〇年の大統領に選出されたバイデンのようなカトリック・リベラルと差別化する必要があろう。アメリカのカトリック全体で一六年選挙を見ると、五二%トランプ支持、四五%がヒラリー支持で、共和党と民主党支持に真っ二つだが、トランプ支持が若干数多かった。二〇二〇年もトランプ五〇%対バイデン四九%で、ほぼ半々だった。

ヒスパニックは主にカトリックであるが、近年ではメガ・チャーチへの人気の高まりでプロテスタントの福音派や、霊的な救済を謳《うた》うペンテコステ派などに改宗する者も増えている。

このペンテコステ派の増大はアメリカだけでなく、ラテン・アメリカ諸国でも起きている現象だ。特にブラジルで顕著であり、ポピュリズム政治との親和性が示唆されている。型にハマった儀式を重んじるカトリック教会のミサより、エンターテインメント性の高いメガ・チャーチにラティーノの関心が引き寄せられるのも、それほど不思議ではないかも知れない。

そして、アジア系も見逃せない。黒人よりも全体の人数は少ないが、トランプ支持者も少なくない。二〇二〇年選挙では、アジア系の三〇%がトランプに投票している。勤勉な彼らは、黒人へのアファーマティブ・アクション（積極的差別是正措置）政策が不満なのである。こうした政策は、民主党政権にその傾向が強い。

貧困層への救済策とされるオバマケアについても、中流や中の下層が多いアジア系にとっては、かえって保険料が高くなり不満なのである。さらに彼らには中国や香港、南ベトナムからの政治的亡命者が多く、トランプの中国共産党政権への厳しい外交政策を支持しているのだ。

†中絶問題が政治に与える影響

これらバイブル・ベルトの地域では、進化論を否定し、中絶を非合法化する州もあり、中絶問題は政治的な争点である。

アメリカではプロ・ライフ（中絶反対）でもプロ・チョイス（中絶賛成）にしても極端な事例が発生している。全米プロ・ライフ宗教協議会の会長であるカトリック神父はプロ・チョイスの運動家から脅迫を受けたが、一方でプロ・ライフの過激主義者による中絶を行う産婦人科医師の殺害事件も数件発生している。

アメリカの最高裁は、違憲か合憲かの判断を日本の最高裁よりも積極的に行い、国の政策や社会的に重要な争点に介入する司法積極主義である。その一つとして、妊娠中絶を全米的に認めさせた有名な「ロー対ウエイド判決」（一九七三年）がある。

そのため最高裁判事の役割は大きく、アメリカの政策の方向性を左右し、実質的な政治の参加者となる重要な人事となる。最高裁判事は長官を含めて九人で終身制であり、一度就任すると三〇年以上勤める場合が多い。社会問題の司法による解決が、判事の構成次第で大きく変わってくる。

最高裁判事の任命人事については後述するが、トランプ大統領は二〇一六年大統領選の期間中からゴーサッチ判事、二〇一八年にはカバノー判事、二〇二〇年にはバレット判事と、いずれも保守派の判事を次々と任命した。その結果、現在は保守派六人、リベラル派三人という構成で、保守派が最高裁の主導権を握ることになり、中絶を非合法化しやすい状況となる。「中絶の原則禁止」の州法を最高裁まで判決を持ち込んだ場合、勝訴する可能性が上がったと見なされているのだ。

二〇一九年から二〇二〇年にかけて、アラバマ州のほか、ジョージア、アイオワ、ケンタッキー、ミシシッピ、オハイオ各州の知事が、胎児の心拍が検知できるようになった時点で人工中絶を禁止するという州法に署名した。

[図3] 2019年、中絶を禁止する法律を可決した州

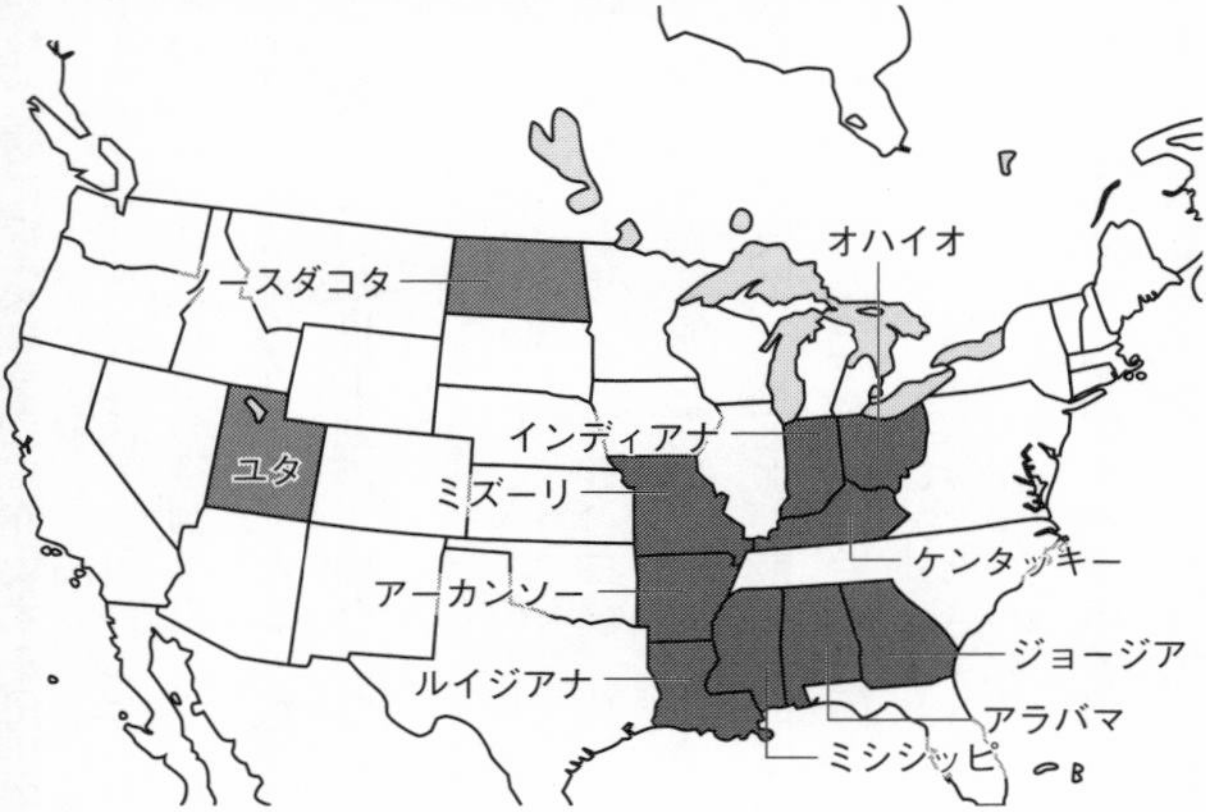

二〇一九年五月、ルイジアナとミズーリの州議会は同様の州法を可決し、知事の署名を待っている状態である。ほかにも九つの州の州議会が同様の法案を検討しており、そのうちペンシルベニア州では委員会で否決した。このようにトランプ前政権下では、特にバイブル・ベルトで中絶を非合法化しようとする州が続出した。保守層の中絶反対という主張は、ここまで政治を動かしているのだ。（[図3]）

人工妊娠中絶の実施と中絶権を合憲とする判決に平和的に抗議する「命の行進（マーチ・フォー・ライフ）」という毎年恒例の集会がある。「ロー対ウエイド判決」がなされた日を記念日として、その前後にワシントンD

Cで開催されるようになった。「公共の場にて、プロ・ライフの人々を結集、教育、動員し、中絶を終わらせる」ことを使命とし、ロー対ウエイド判決を覆すことを提唱、「命の行進」教育擁護基金が組織運営している。例年議員や牧師、有名スポーツ選手などが数多く参加するが、二〇一七年にはペンス前副大統領、二〇二〇年にはトランプ前大統領も参加した。どちらも副大統領、大統領というポジションで同デモに参加した政治家としてアメリカ史上初として、話題となった。

一方、二〇二〇年六月に、人工妊娠中絶を規制する南部ルイジアナ州法を違憲とする最高裁判決が出た。南部ルイジアナ州法では、中絶手術を行う医師に対し、施設から四八キロ圏内にあるほかの病院と、手術で問題が生じた場合に患者を受け入れてもらう入院特権を保持することを義務付けている。この法が州内で中絶手術を提供する施設の数を制限し、女性の中絶を受ける権利を侵害しているとの批判が上がっていたからである。

保守派のバレット判事が任命される前だったこともあり、判決は賛成五、反対四で、保守派のジョン・ロバーツ最高裁長官が四人のリベラル派判事を支持。最高裁は、二〇一六年に同趣旨のテキサス州法を違憲としたのと同様、人工妊娠中絶を規制する南部ルイジアナ州法は女性に不当な負担を強いるものだとして違憲とする判断を下した。

これは、トランプ大統領在任中に最高裁が中絶問題に関する主要な判決を下した初めてのケースとなった。その後、指名された保守派のバレット判事は、民主党からの批判をよそにマコーネル上院議長の後押しもあり、最短期間で正式に最高裁判事に任命された。

これによって中絶に対してより厳しい最高裁の判決が下ることを意味するものではないし、最高裁は政治的中立を維持してこそ、その権威が維持されるものである。しかしバレット判事の就任は福音派の間でも中絶禁止政策に対する期待が高まり、トランプへの支持をより強固なものにしたとは言えるだろう。その証拠に、二〇二〇年選挙でバイブル・ベルトの州では例外なくトランプが勝利した。

†宗教保守にとっての重要な争点、進化論否定

学校で進化論を教える是非をめぐる裁判も、バイブル・ベルトのアーカンソー州やテネシー州、またルイジアナ州などで争われている。

進化論裁判の歴史的な背景には、一九世紀末～二〇世紀に婦人参政権と累進課税導入に働きかけるなど大衆民主主義者として活躍したウィリアム・ジェニングズ・ブライアンの存在があった。彼は長老教会派で、民主党の大統領候補に三度なった最有力者で、平和主

義者、禁酒法支持者でもあったが、同時にダーウィニズムへの反対者で、それはリベラルな思想ゆえだった。

「進化論は、劣った者を排除することで自らは生き残ろうとする非道徳的でキリスト教に反する悪魔の教え」と考えた。ダーウィンの自然淘汰論を誤解して解釈、ダーウィニズムを社会に当てはめて解釈する社会的ダーウィニズムの影響を強く受けた。社会的ダーウィニズムは、ナチス・ドイツやアメリカ等での人種差別論や優生学の正当化の根拠となっていたからである。

こうした経緯から、ブライアンは社会的ダーウィニズムの思想がアメリカに広がることを危惧し、進化論を反キリスト教的な理論と見なし、キリスト教的原理主義と結びつけることで、アメリカ各州に公立学校教育で教えることを禁止する法律を成立させた。そうした中で争われたのが、有名な一九二五年のスコープス裁判である。

アメリカ自由人権協会（ACLU、American Civil Liberties Union）の擁護のもとに、テネシー州デイトンにあるレイ・セントラル高校教師ジョン・スコープスが、学校で進化論を教えたことで裁判となり、結果敗訴した。

その後、スコープス裁判で争われたテネシー州の反進化論法（通称バトラー法）は一九六七年に廃止され、翌六八年にはアーカンソー州公立学校での進化論教育を禁止した法律に対する裁判が行われた。エパーソン対アーカンソー州事件で、聖書に一致しないという理由での進化論の授業を禁止することは、合衆国憲法修正第一条（表現の自由や信教の自由）に違反するとする、初の連邦最高裁判所の判決となった。

一九六八年の裁判で進化論を教えることを禁ずる法律は違憲とされたが、七〇年代以降のアメリカの保守化の流れで、バイブル・ベルトの州でキリスト教原理主義者は「反進化論法」とされる法律を成立させた。公立学校教育において進化論と「創造科学」を均等な授業時間で教えることを定めた法律である。一九八一年にアーカンソー州とルイジアナ州で制定された。

創造科学とは、いわゆるインテリジェント・デザイン（ＩＤ）と呼ばれ、一九六八年の「進化論授業の禁止は違憲」の判決をうけて、一九九〇年代にアメリカの反進化論団体、一部の科学者などが提唱した、創造論を科学的理論で説明しようとする考え方である。「宇宙・自然界に起こっていることは機械的・非人称的な自然的要因だけではすべての説明はできず、そこには《デザイン》すなわち構想、意図、意志、目的といったものが働いているを科学として認めよう」というものだ。

旧約聖書から大きく影響を受け、聖書主義を基盤に、宗教的な論説の創造科学から宗教的な表現を除き、一般社会や学校教育などにも広く受け入れられるように意図したもので、宗教色を抑えるために、宇宙や生命を設計し創造した存在を「神」ではなく「偉大なる知性」と記述することが特徴である。

これにより、非キリスト教徒に対するアピールを可能とし、ユダヤ教徒やヒンドゥー教徒、イスラム教徒の支持者も得た。また宗教色を薄め、政教分離をしているように見えることで、公教育への浸透が図りやすいと考えられたからである。

旧約聖書によれば「すべての人間の祖先であるアダムは神によって作られ、その妻イヴはアダムの肋骨から生まれた」とされ、ユダヤ教徒やキリスト教徒の間では長い間これが信じられてきた。しかし、ダーウィンの進化論が認知され、「原始的な動物が次第に進化して人間になった」と考えられるようになると、聖書の記述をどのように解釈するかについて議論が起こった。

インテリジェント・デザインでは、地球が創造されてからわずか数千年しか経たないという「若い地球説」は採用せず、「原始的な動物が人間に進化した」という進化論を一部認めながら、「その過程は偉大なる知性の操作によるものである」として、宗教色を薄めつつも「偉大なる知性」を神と解釈できる余地を残している。

このような経緯で誕生したインテリジェント・デザインを、公教育の理科の時間にも取り入れようとする動きがあり、ブッシュ・ジュニア大統領もこれを支持し「平等のため、進化論とインテリジェント・デザインも学校の理科の時間で教えるべきだ」と述べた。

科学理論を装いながら、すべての発端が神の御業によるものとするため、検証が行えない学説だが、これを科学理論として進化論と同じ扱いをするべきというのが、キリスト教原理主義者の主張である。

八一年のこの裁判を担当した連邦判事ウィリアム・オヴァートンは、創造科学を科学ではないと結論し、特定の宗教の教義に加担するとし、一九八二年一月アーカンソー州法に違憲判決を下した。彼は判決文のなかで、「科学理論とは不変のものでなく、その理論に一致しない事実や反証などによって、つねに改訂または破棄されうるものである」ことから、インテリジェント・デザインは科学理論ではないとしている。

†キリスト教の伝統的な道徳観に反するLGBT問題

また、同性婚、つまりLGBTの権利問題もある。

キリスト教では生命の誕生が重視され、それは自然科学的に男女の交わりによってもたらされることから（体外受精等医療的には他の方法が可能としても）、結婚は男女のみに限定するべきであるという教えがある。そのため、原理主義者である福音派を含む保守層にとって、同性婚などLGBTの権利を認めることは、キリスト教の伝統的な性の道徳観に基づく信仰の自由、発言の自由を妨げると主張してきた。

しかし、二〇二〇年六月、最高裁でLGBTの雇用差別禁止を支持する判決が出た。二〇一五年に同性婚を合法とする判決に続き、性的少数者にとって歴史的勝利となった。しかしその後トランプが新たに保守派の最高裁判事二人を指名したことから、権利活動家たちはさらなる権利向上が妨げられるのではと懸念していた。しかし、この裁判では、リベラル派の判事四人にゴーサッチ判事とジョン・ロバーツ最高裁長官が加わるという展開となった。

ゴーサッチ判事は判決文で「同性愛者やトランスジェンダーであることを理由に従業員を解雇する雇用主は、その従業員が別の性だったとすれば問題とならなかったのであろう特徴や行為を理由に解雇している。その決定において、性は必要かつ隠しきれない役割を果たしており、これはまさに第七編が禁じるものだ」と断言した。

この判決は、雇用主側を擁護する立場を取ってきたトランプ前政権にとって、打撃となったに違いない。ペンス副大統領も、インディアナ州の州知事時代に類似した問題が発生した際、LGBTとのビジネスを「宗教の自由」を理由に拒否した者を擁護した経緯があったからである。

ペンス前副大統領は否定していたが、福音派の中でも過激な根本主義者等が支持する「性転換精神療法」を支持し、そうした活動に寄付しているという噂もあった。本療法はLGBTを「病気」とし、同性愛者を異性愛者に「治療」できると考えられているが、医学的な根拠は疑わしく、むしろこうした「治療」は同性愛者等を精神的に追い詰め自殺に追い込む確率が高いとし、危険視されている。

一九五〇年代までアメリカと欧州では同性愛者を犯罪者と見なし、上記の精神療法だけでなく強制的ホルモン注射を行い、彼らが肉体的にも精神的にもダメージを受けて早死にするケースが存在した。イギリスでは第二次世界大戦中にナチス・ドイツの暗号を解読し、勝利に導いた国民的英雄の天才的数学者アラン・チューリングがその一人であったことは、衝撃的な事実である。

［図4］「宗教の自由法」が成立した州・審議中の州

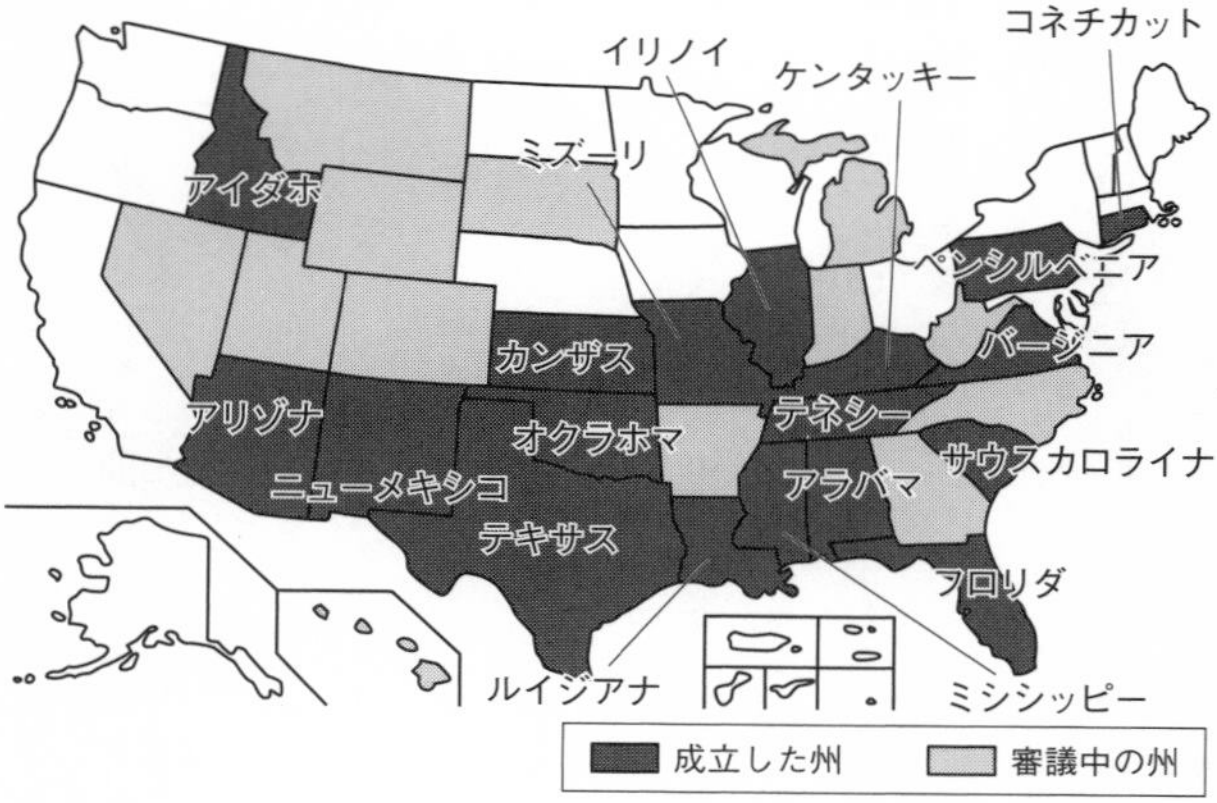

そうした背景から、二〇一五年に成立した「宗教の自由法」の州法をめぐっては論争が絶えない。同性婚がオバマ政権下で合法化されたにもかかわらず、これに反対する特に福音派系のキリスト教保守の団体はいくつも存在する。これら団体（「アメリカ家族協会」「インディアナ家族協会」「進歩するアメリカ」）は、この州法を後押しした。（［図4］）

同州で、同性婚の結婚式に使う花束を依頼された花屋、ケータリングのピザ屋、ブーケ・アーティスト及び結婚会場などが、同性婚に賛同できないことを理由にこの仕事を断った場合、これは同性愛者に対する差別ではなく、キリスト教徒としての「宗教の自由権」を行使したに過ぎないとした裁判が行われた事例がある。同性婚の結婚式に仕事などで関わることは、そうした教えに従うキリスト教徒の信条を無理やり曲げさせることになり、宗教の自由に反するという論理である。

しかし、こうした「宗教の自由法」はLGBTに対する差別を正当化する危険性があるとして、それら団体や活動家からの批判があった。しかし、【図4】のようにバイブル・ベルトだけでなく、テキサスやフロリダを含む南部の一部のサン・ベルトを含む多くの州に拡大し、論争を呼んでいる。ジェブ・ブッシュ、マルコ・ルビオ、テッド・クルーズやベン・カーソン、リック・サントラムなどの共和党議員たちは、この法に賛同しており、これがLGBT差別につながることを否定している。

以上見てきたように、進化論や中絶、LGBTを認めず、また近年では反ワクチン運動なども起こし、聖書を絶対視する原理主義的な信仰は、中西部から南東部にかけて複数の州にまたがっている。そして福音派が多く住む地帯にバイブル・ベルトが形成され、それは南部に拡大する傾向にある。

大統領選挙はもちろんのこと、政策を進めていく上ではこれら福音派などの宗教保守をどのように取り込むかの戦略が重要であることは言うまでもない。

第三章

いつから宗教票が大統領選挙で重視されるようになったのか

†二〇一六年のトランプ勝利は白人の福音派が要因

前章で述べたような状況の中で、二〇一六年選挙でのトランプ勝利に白人のキリスト教福音派支持が大きく寄与したことは、選挙陣営にもキリスト教諸団体にも明らかだった。

特に北部の工業地帯であるラスト（錆）・ベルトの白人労働者や中西部のバイブル・ベルトに居住する人たちはプロテスタント福音派の教会やメガ・チャーチに通う人たちが多く存在し、彼らはトランプを支持してきた。

労働組合と近い関係を構築してきた民主党に有利と言われてきたラスト・ベルトのペンシルベニア州やミシガン州を、トランプが獲得したことが特に勝利の大きな要因だった。ミシガン州には全米の集客数ベスト三〇に入るメガ・チャーチが二つ以上もあるのだが、これが南部のバイブル・ベルト以外の地域でのトランプ支持へとつながった可能性があるだろう。

しかし二〇二〇年選挙では、バイデンの生まれ故郷がペンシルベニアであることもあり、主に郵便投票でこれらラスト・ベルトでの支持を得たことも、トランプ敗北の一因だった。またバージニア州をバイブル・ベルトとする見方があるが、ここは首都ワシントンへの通勤圏内で、オバマ政権以降民主党の州になっている。バージニア州のリンチバーグにあるリバティー福音派大学の学長ジェリー・ファルウェル・ジュニアは、カリスマ牧師でトランプの宗教アドバイザーであるが、二〇二〇年八月にセックス・スキャンダルで学長職を辞したことで、一部の福音派がトランプから離反した可能性はある。

それにしても、なぜ、トランプは福音派の支持を得ることができたのか。その理由は、トランプが模倣したレーガンの選挙戦略にあった。本章では、プロテスタントの中でも非主流派であった福音派はいつから「政治化」し、共和党の重要な支持基盤となったかを、一九六〇〜七〇年代まで歴史を遡って見ていきたい。

†カーター大統領の裏切りにより「政治化」した福音派

プロテスタント福音派が保守政治にとって重要な要因として台頭したのは、一九八〇年のレーガン政権以降である。それ以前彼らは政治活動に関与しないか、ダーウィンの進化論を社会にも適応した社会的進化論への反対を唱えたウィリアム・ブライアンが民主党であったことから、どちらかと言えば民主党支持だった。

しかし同時に、カトリックが一九六〇年のケネディ大統領誕生で民主党との関わりが強くなると、当時は反カトリック的な心情から（プロテスタント諸教会による反カトリック主義は一九世紀の英米にあり、その詳細についてはSaho, Matsumoto, *Britain and the Papacy in the age of revolution*, 2003, Royal Historical Societyを参照されたい）、プロテスタントの福音派の中には共和党支持に回る者も出てきたが、多数ではなかった。

六〇年代後半は、反ベトナム戦争運動や性の解放運動などのいわゆる文化革命への反動として一九七〇年前後から、「サイレント・マジョリティ」が台頭した。「サイレント・マジョリティ」とは、ベトナム戦争期に兵役を回避し親のお金で大学に行きながらも、ベトナム反戦運動を行う大学生に反感を抱いていた、高学歴の富裕層や穏健的な中流層、さらに保守的な低所得者層の労働者たちなど広範囲な層を指す。

共和党のニクソン候補は一九六八年の大統領選挙で、こうした過度な反戦運動や性の解放を嫌う「サイレント・マジョリティ」から支持を得て勝利した。そしてその支持者に感謝を示し、さらにそれを強固にするために、大統領に就任後の一九六九年秋に有名な「グレート・サイレント・マジョリティ」のテレビ演説を行った。その後一九七二年大統領選挙で、ニクソンは五〇州中四九州を獲得して圧勝したが、この選挙戦の予備選挙中の七二年六月に民主党陣営への不法侵入と盗聴が発覚、いわゆるウォーターゲート事件で、弾劾を受け退陣した。しかしこの選挙でニクソンを支持した南部の宗教保守票は、後のレーガンに引き継がれることとなる。

理想主義的な反戦運動だけでなく、若者たちの間で起きた性の解放運動に対して反発して保守化したキリスト教徒（プロテスタント主流派及び福音派、そしてカトリック）も少なくなかったからである。

この保守派で共和党のニクソンが選出された段階では、福音派はまだ政治にほとんど関心を持つことなく教会などの宗教活動に専念していた。彼らが「政治化」するきっかけとなったのは、皮肉にも南部バプティストで牧師として日曜学校で教えた経験もあるカーターが、その南部福音派の支持によってジョージア州知事となり、大統領となる道筋を開いたことに端を発する。

しかし、七三年の妊娠中絶合法化の「ロー対ウエイド判決」にカーターが理解を示す態度を取り、また大統領となって当時非課税であったキリスト教系学校に課税する政策を導入したことに、福音派が怒りを爆発させたのだ。

「サイレント」であった彼らの怒りが声となり、積極的に政治参加を行わないと、アメリカのキリスト教的な価値観によるアイデンティティと社会や生活が脅かされると感じたのだ。さらに追い打ちをかけたのが、カーターの「人権外交」である。東側へのリベラルな外交姿勢、そして「デタント（緊張緩和）」による共産主義諸国への柔軟な姿勢は、強硬な反共産主義の立場であったキリスト教ロビーには、弱腰で妥協的な外交に見えて我慢ならなかった。

また一九七九年にイランのアメリカ大使館で発生した人質事件での人質救助作戦の失敗も、イスラム革命で宗教国家となったイランにキリスト教国アメリカが恥をかかされたと感じていた福音派の堪忍袋の緒が切れる決定打となった。

†福音派の「偉大なる大統領レーガン」と共和党への寝返り

同じ南部バプティスト出身のカーターに裏切られたと強く感じた南部福音派は、「政治化」する以外に「キリスト教のアメリカを守る」方法はないと考えた。一期目のカーター政権に幻滅した福音派は、二期目のカーター大統領再選を阻止する策を模索する中、その対抗馬として共和党から出馬したレーガンに寝返る結果となった。レーガンは離婚歴があり、敬虔なキリスト教徒の票を集めるには不利と言われながら、中絶反対など内政でも対ソ連強硬外交政策でもカーターの真逆であったことから、福音派の支持を集めることになる。

レーガン大統領は、トランプが二〇一六年選挙で意識した「偉大なる大統領」だった。結婚歴が二回以上あり、敬虔なクリスチャンには見えないトランプが行った「福音派票動員選挙工作」こそ、レーガン選挙工作を模したものである。レーガンの時は第一章でも触れた福音派のカリスマ牧師、ジェリー・ファルウェルがそれを指導し、トランプの時はその息子ジェリー・ファルウェル・ジュニアが指導した。

また、「サイレント・マジョリティ」はトランプが、「ブラック・ライブス・マター」のデモが起こる度に、ニクソンを模して繰り返し用いている表現だった。つまりトランプから見ると、「ブラック・ライブス・マター」運動で巻き起こった声は、実は多数派ではなく、声を上げない多数派はこの運動に賛同しているわけではないという見解だ。「ブラック・ライブス・マター」は、「ベトナム戦争反対」と同様にリベラルなメディアによって誇張されており、福音派を含む「サイレント・マジョリティ」の考えを反映しておらず、彼らはデモを起こし警察と対峙するより、「法と秩序」の順守を重視していると考えていたからである。

ソ連などの東側に対して妥協しない冷戦期におけるレーガンの強硬姿勢はよく知られるところだが、内政ではどうだったか。小さい政府をかかげての減税対策、公立学校でのキリスト教教育、中絶問題への厳しい制約、カーターが課税に乗り出したキリスト教学校を非課税に戻すことなどを行った。

レーガンは、ハリウッドの売れない俳優期から筋金入りの反共産主義者で、マッカーシズムの片棒を担いでいたキャリアが政治に活用された。キリスト教信者としては熱心でも敬虔でもなく、中絶問題についてもむしろプロ・チョイス（中絶賛成）に近かった。政治化する福音派のロビーを利用することが大統領選で有利になるとの判断から、中絶反対を唱えるようになったのだ。

同様にトランプも、自身が中絶問題に強く反対しているとは考えにくく、レーガンを参考に「中絶問題」を政治利用し、選挙を有利に導く作戦だっただろうと考えられる。

このように二〇一六年のトランプ選挙と一九八〇年のレーガン選挙には類似点が多くある。トランプ選挙陣営はレーガン選挙の戦略を一部模倣することで、一見敬虔なキリスト教徒には見えない（恐らくそうではない）トランプに、福音派の支持を取り付けることに成功したのである。

†レーガンの福音派票動員と選挙資金集め

二〇一六年のトランプ陣営がまねたレーガン大統領一九八〇年の選挙戦について、特にキリスト教票集めの観点から見てみよう。

レーガンは一九七六年選挙では、共和党代表選出の時点で、僅差で穏健派のフォードに敗退した。この選挙戦の時から、本人のキリスト教的信条とは関係なく、プロ・ライフ（中絶反対）の団体との関係を構築し始めていた。当時、七三年の中絶裁判の「ロー対ウエイド判決」にキリスト教諸団体は怒りを浸透させており、これ以降政治運動に関与する宗教団体が急増していたのだ。

七六年の予備選でレーガンではなくフォードが共和党代表となり、結果的に民主党のカーターが勝利した。そのため、レーガンが共和党代表になっていればカーターに勝てたはずとも言われ、共和党はこの時の反省と教訓を八〇年選挙で生かすことになる。

レーガン図書館所蔵の「レーガン＋ブッシュ・シニア　一九七九〜八〇年選挙戦委員会」（当時、ブッシュ・シニアは副大統領候補だった。以降、「レーガン選挙委員会」）という資料には、「キリスト教票の獲得」のための具体的な戦略が明確に示されている。戦略は、

「キリスト教徒市場」のための選挙チームの組織化、政治部門と教育部門に分類されていた。

キリスト教徒へのアプローチとしては、ダイレクト・メールを一五万軒の教会に送付してからフォローアップの電話攻勢だった。対象は原理主義者、カリスマ伝道師（ペンテコステ派）、福音派協会、カレッジ・キャンパス、ライフ・ネットワーク（プロ・ライフの諸団体・協会）である。

また、他に記載されている項目を拾ってみると、「テレビでの訴え」、「キリスト教団の大会」、「キリスト教系の本屋」、「ダイレクト・メール」、「雑誌の記事や広告」、「一七万五〇〇〇人のプロテスタント牧師」、「五万人のカトリック聖職者・神父」、「三〇〇〇万世帯」とある。これらは、プロテスタント主流派、福音派の票の動員を中心としているものの、カトリックも対象となっていた。

†福音派票の取り込み作戦

俳優だったレーガンは、エンターテインメント・ビジネスとの人脈を有していた。また、映画からテレビ時代への転換期で、映画では売れなかったレーガンもテレビ番組の司会などで頭角を現していた。その点でも、テレビのリアリティ・ショーで人気を得て、大統領就任以降はツイッターを活用した大衆の心をつかむトランプとの共通点があると言える。

当時、宗教界では、すでにテレビ伝道師が登場するなど多くの福音派の教会や牧師（伝道師）が、ラジオやテレビを有効な媒体として活用していた。カリスマ牧師中のカリスマ、ビリー・グラハムは、一九六〇年より前からテレビ伝道を取り入れていた。これに続いて多くのテレビ伝道師が活躍し始め、八〇年までにテレビ伝道のチャンネル数はケーブルテレビも含め、莫大な数に上っていた。

これに伴い、マーケティング・リサーチ会社がテレビ伝道師の人気競争に関与するようになっていった。さらに大統領選挙でも、直前までダイレクト・メールのアンケート等で有権者の意識調査を行っていた。一つの選挙が終わっても、次の選挙戦に向けて行われるようになったのだ。

レーガン選挙の選挙戦略には、保守派の活動家のリチャード・ヴィゲリーが新右派を組織化し、共和党の再生に大きく貢献したと言われる。彼は選挙運動中一定額以上の寄付を行った者、経済財団や協会などの保守系の団体やシンクタンクに所属する人物など、一五〇〇万人の名簿をデータ化し、ダイレクト・メールを送り莫大な選挙資金を集めた。またこうした団体をワシントンに呼び、共和党議員とのミーティングの機会をセッティングするなどした。

現在では、ほぼ「常識」とされるワシントンを中心としたアメリカ政治におけるロビー政治、つまり各団体やシンクタンクのロビー活動による、ワシントン政治への多大なる影響力の行使が、ここに本格的に開始されたのである。そして以後、この手法は各選挙戦で活用されるようになった。


共和党政治と福音派などキリスト教保守の結びつきで重要なのは、保守系シンクタンクの台頭である。シンクタンクの歴史は戦前に遡ることができるが、中立もしくはリベラル的なブルッキングス研究所やカーネギー財団が中心的な役割を担う中、保守系シンクタンクでは、七三年設立の著名なヘリテージ財団、戦前から存在するアメリカン・エンタープライズ公共政策研究所（ＡＥＩ）やフーヴァー研究所やケート研究所などがよく知られている。トランプ政権で拡大したハドソン財団の設立は六〇年代で、政府からの受託金によって活動している。

シンクタンクとは、そもそも何なのか。

国際政治学者、中山俊宏氏によると、シンクタンクとは公共政策研究を行うための、原則として独立した機関であり（ただし、政府、大学からの資金援助を受けてはいけないという意味ではない）、非営利組織である。その目的・役割は、中長期の政策研究、政策提言、政策評価、知的ネットワークの構築、シンポジウム、セミナーの開催、人材バンク、様々なメディア上での活動などがあげられる。

シンクタンクそのものは、利益団体のように組織票や政治資金をもっているわけではないので、その実際の影響力を確定することは困難である。しかし、財政的規模、政府への人材供給、政策提言の実施状況、議会証言の回数、メディアにおけるプレゼンスなどから影響力の大きさを推定することができる。

また同氏は、ヘリテージ財団を他のシンクタンクから際立たせた要因について次のように述べる。

同財団設立時の一九七〇年代前半は、メディアの政治への影響力が急増し、政治過程の時間的スパンが短縮され、あらゆる政治事象がリアルタイムで国民の眼前に現れたが、ヘリテージ財団は、仕事の簡潔さと迅速さでこれらに的確に対応した。同財団は、新たな情報空間のなかで政治と政策研究の区別を取っ払い、「客観性」より「露出度」の効果が絶大であると認識し、情報空間を闘争の場とした。

既存の保守系シンクタンクAEI等が長期的な戦略で、議会への直接的影響を及ぼすことを躊躇したのに対し、ヘリテージは保守の草の根運動等ともつながり、またマーケティング手法を使い新自由主義的な政策が短期間で実現される直接的な働きかけを行った。少額だがダイレクト・メールで多数の寄付を集め、それが票につながる仕組みを作り上げた。

ヘリテージは、時間をかけて長大な研究を行うのではなく、迅速かつ簡潔に生起する政策課題に対して、メディア関係者や政策担当者が現場で使える簡潔なポリシーノートを次々作成していくという活動方針だった。それは「バックグラウンダー」と呼ばれる五〇〇〇～二万ワード程度の長さのもので、本格的な著書や報告書を最終プロダクトとする従来のシンクタンクの在り方とは大きく異なる方式だった。

さらにその活動方針にマーケット・メタファーを導入し、「アイディア・ブローカー」と自らを位置づけ、保守系アドヴォカシータンクの雛型を確立したと評価されている。（宮田智之著『アメリカ政治とシンクタンク』東京大学出版会に詳しい）

一九八〇年代に入ってからも、シンクタンクは次々と設立され、現在は一二〇〇あまりが存在する。過当競争が過熱化し、一〇〇万ドル規模の予算を有するシンクタンクは全体の一六%に過ぎない。この中にヘリテージ財団、ケート研究所などの保守系シンクタンクが入っている。

これらシンクタンク以外に、福音派に関してはキリスト教系ロビーの存在、しかもこれらの横のつながりが、トランプ前政権の「保守主義」においては重要であった。

†ヘリテージ財団創設者によるキリスト教保守ロビーの始まり

ヘリテージ財団の創設者の一人で初代の代表であったポール・ワイリックは、レーガン選出と政権にとっての重要人物であった。彼はカトリックからギリシア正教に改宗、福音派ではなかったが、ジェリー・ファルウェルの保守系の圧力団体「モラル・マジョリティ」設立にも関与した。彼は潜在的に存在している道徳的多数派(敬虔なキリスト教徒であり、サイレント・マジョリティではなくモラル・マジョリティと呼ぶ)を掘り起こし、地域や教派によって別々に存在して「キリスト教保守」や「宗教保守」を、一つにまとめて共に行動するようにしむけ、一貫した投票行動を取らせる選挙戦略を立案した。

福音派や南部バプティストとは、本来、プロテスタント教会の非主流派であったが、これにギリシア正教やカトリックなど、キリスト教の他の教派も巻き込む「キリスト教保守」ロビーを作りあげた。

ワイリックはヘリテージ財団の中に共和党への優秀な人材育成や寄付を募るCSFC(Committee for the Survival of a Free Congress)委員会を設立し、ダイレクト・メールで寄付を集め、社会的な保守主義として賛同が得られるキリスト教会との密接な関係を構築した。保守系ロビー団体「クリスチャン・ボイス」を七七年に設立、そして七九年に「モラル・マジョリティ」を設立した。彼らは七九〜八〇年の連邦議会の議員の投票行動を徹底的に分析し、それらがキリスト教的価値観を反映しているかどうかのリストを作成し、レーガン選挙戦略に生かすこととなった。

またレーガン政権誕生後は、八一年に国家政策委員会(Council for National Policy)を設立して、共和党の社会的保守主義の基盤とした。またCSFC委員会は後に「自由議会財団」と名前を変更、この傘下にワシントンを拠点とした有料の衛星放送局である「国家権限移譲テレビNET」を創り、「アメリカの声」というチャンネル番組を作成した。

さらに小規模な放送局を買収し、冷戦期には東側へのプロパガンダ的な役割を果たした。九七年の時点で「自由議会財団」はヘリテージと並んで規模的に財政的に最大のシンクタンクとなり、一期のブッシュ・ジュニア政権までネオコンやキリスト教右派を通じて大きな影響力を行使した。

†ジェリー・ファルウェルの宗教帝国「モラル・マジョリティ」

レーガンの選挙戦へのキリスト教票動員は効率良く行われたが、より多くの福音派グループを利用するために、一九八〇年五月一二日の選挙委員会では「影響力の高い団体へのアプローチ」を目指して、パット・ロバートソン、ジェリー・ファルウェル、ビリー・グラハム、オーラル・ロバーツ、ロバート・H・シューラー、レックス・ハムバード、アドリアン・ロジャース、スチュワート・マックバニー、セオドール・エップ、ジミー・スワガートという、全米の信者数でトップを争うテレビ伝道師一〇人へと絞った。

この時期、多数出てきたキリスト教団体の中でも、一九七九年に「モラル・マジョリティ」を設立したジェリー・ファルウェルの存在は突出しており、ラジオ宗教放送「オールド・タイム・ゴスペル・アワー」は翌年には毎日二八〇局のラジオ局で聴くことができ、毎週三〇〇局以上のテレビ局で放映され、当時全米最大の信者数を誇っていた。ファルウェルはアメリカ最大のメガ・チャーチ、二〇〇〇人以上が一度に集う巨大な教会をひきいるカリスマ牧師となった。

「モラル・マジョリティ」のイベントでは、「アメリカを愛する」「妊娠中絶反対プロ・ライフ」「家族・家庭万歳」の三つのスローガンを掲げて五〇の州で大会を開催した。牧師を動員し教会の信者たちに対して「政治的・投票活動」とは何かについて説教させた。ファルウェルは「アメリカを愛する」というメッセージを発信し、レーガンの「神がアメリカを祝福している」というメッセージと共に信者たちの愛国心を駆り立てた。トランプが繰り返していた「アメリカを再び偉大に」との類似点も指摘できるであろう。

ワシントンで行われたイベントに二〇万人を動員する力があり、テレビで毎日二六〇〇万人の視聴者を有するチャールズ・スタンリーというテレビ伝道師が、アトランタにいた。一九八〇年五月六日付のファルウェルのレーガン宛の手紙によると、一〇〇〇万人の視聴者を対象とするスタンリーによるレーガンへのインタビュー番組が提案され、実現したということだ。レーガンがカーターに勝利するための選挙戦略の一つだっただろう。

さらに、ファルウェルのメガ・チャーチの拠点であるリンチバーグで、宗教ブロードキャスト放送とラジオとテレビ局関係者が集まる大会を、一〇月二三日から開催することが取り決められた。「レーガン選挙委員会」とファルウェルの間で、一〇月から一一月の日程やスケジューリングの詳細を確認するやり取りがなされている。

ファルウェルの組織力は、目を見張るものであった。彼は「道徳的な政府のためのキリスト教徒の声基金」から「レーガンのためのクリスチャン」というグループを立ち上げ、各教会の牧師や聖職者の賛同を集めて、二〇〇〇万人がファルウェルを通じて選挙投票への登録を行い、結果的に多数がレーガンに投票した。

「道徳的な政府のためのキリスト教徒の声基金」が教会に配布する大量のチラシやリーフレットには、ブルーの目立つ色に白抜きで「あなたのキリスト教徒としての一票が重要なのです」と見出しを入れ、「妊娠中絶の費用に税金を使うことや好戦的な同性愛者に反対し、公立学校での祈りを復活させるレーガンこそキリスト教の理念に基づいた唯一の大統領候補であるから、全米のキリスト教徒よ、一九八〇年選挙にはレーガンに投票を」という文章を掲載した。その中心には、福音派伝道師に手を握られて聖書の前で祈るレーガンの写真が印刷されていた。

†キリスト教右派最大のロビイスト、ビリングスの暗躍

「レーガン選挙委員会」では宗教票の動員のために、ロバート・J・ビリングスという人

物が「キリスト教票委員」に就任し総括的な役割を担った。ビリングスは特に福音派の票の掘り起こしに関与し、結果的にキリスト教右派の形成に多大なる貢献をした。ウィリアム・チャジーという人物が、プロテスタント主流派の票の動員を任された。

ビリングスは、キリスト教右派最大のロビイストと言える。一九七八年に「クリスチャン・アクション同盟」を設立し、会長として四〇〇以上のクリスチャン・ミッション・スクール設立やカリキュラムに関与した。翌七九年に人気絶頂だったファルウェルを招いて「モラル・マジョリティ」を立ち上げたのも彼である。のちに二つの組織は統合し、福音派キリスト教最大の政治グループとなり、ビリングスはそのエグゼクティブの地位に就任した。

そして、レーガン政権発足後、ビリングスは一九八〇年より六年間教育省に同省と地域をつなぐコーディネーターの役職に就任、キリスト教右派の教育における影響力の増大に深く関与した。こうしたことが、第二章で述べたバイブル・ベルトの諸州での進化論の否定、創造論及びインテリジェント・デザインなどを学校教育に導入するカリキュラム形成の実現へとつながっていった。それは、現存する学校における「キリスト教教育」とも密接に関係している。

ビリングスは、一九七九年九月二日付で選挙委員会に全国の各教会を巡る九～一一月のスケジュールを送付した。具体的な教会や宗教イベントに積極的に関与し、ターゲットとする州を中心に作戦を練っている手書きの手紙が残っている（九月二五日付）。

また、一万七〇〇〇人に上る全米のキリスト教聖職者や宗教リーダーとの人脈を形成していた彼は、九月二二日付で選挙委員会に主流派のプロテスタント牧師や関係者と会う日程が送付され、彼らにアピールするための戦略立案も行っている。ビリングス自身もキリスト教雑誌などに定期的に寄稿文を載せていたため、その影響力は大きく、彼が持っている宗教リーダーたちとの人脈が、そのままレーガンの票集めの手段となった。

†福音派を票田として最大限に取り込む仕組み

八〇年の一〇月一日には「キリスト教票担当」の委員会の下部組織として「家族政策アドバイス委員会」が設置され、ウィリアム・ケーシーがこの選挙委員会の委員に就任した。その後、レーガンはそのスピーチで伝統的な家族的価値観の衰退を捉えて、以前の道徳観に戻ること、健康保険や教育の重要性、プロ・ライフ的な価値観についても言及するようになる。カーター政権が、本人が南部バプティスト出身であるにもかかわらず、この価値観を政策に十分反映せず、青少年の犯罪やアルコール・麻薬問題が深刻化したと訴えている。

このケーシーは、すでに同選挙委員会と連絡を取っているヘリテージ財団のエドワード・マカティアを通じてレーガンへの支持を呼びかけた。このマカティアは七九年に「モラル・マジョリティ」や「キリスト教者の声」の傘下である「宗教円卓会議」を設立したメンバーの一人であり、信者たちが保守政治とは何かを議論する機会を与え、福音派が政治化するのに貢献した人物である。

この福音派の「宗教円卓会議」からも一九八〇年五月三〇日付でレーガン選挙委員長ヒューゲルに連絡があった。九月一〇日にテキサスのダラスで大規模なこの「宗教円卓会議」の大会を企画し、多数のカリスマ・テレビ伝道師を招き、ここにレーガンが参加し、祈りや人類創造論の学校教育での導入について話し合う提案がなされた。

この「宗教円卓会議大会」は、七六年にカーターに投票し裏切られたと感じているキリスト教徒信者の不満を取り込む作戦会議の場となった。私立のミッション・スクールへの税制優遇がなく公立学校を優遇することは反キリスト教的な考え方を蔓延させ、家族という概念を危機にさらす。キリスト教聖職者などを政府内のポストに就けておらず、判事は反キリスト教的な人事で、ホワイトハウスのスタッフに妊娠中絶賛同派の女性を起用した、女性団体のトップに好戦的で過激なフェミニストを起用した等、カーターへの不満が多く並べられた。そして、これらをすべてひっくり返した内容がレーガンの選挙公約となっていった。

プロテスタント主流派と福音派の「宗教右派」を動員するためにキリスト教票委員会を立ち上げ、これをロバート・J・ビリングスが組織し、下部組織には主流派担当のケーシーと福音派担当のマカティアが配置され、また外部のキリスト教団体とも連携した。カーターが元々南部バプティストの票からの支持があったことに着目し、この票を横取りする「ニューライト」の運動を組織化しメディアを利用したR・ヴィゲリーの活躍、ヘリテージ財団の活用、ジェリー・ファルウェルの「モラル・マジョリティ」の設立によって、カーター政権期に「政治化」した福音派は票田として最大限に利用された。

こうした宗教票の取り込み、特に福音派票の動員によって、レーガンはカーターから福音派票を五六％奪い取ることに成功したのである。そしてレーガンは政権に就くと、彼に投票した福音派に応える政策を打ち出し、そのため一九八四年に再度福音派の支持を取りつけみごと再選されたのである。

福音派の牧師経験があるカーターが、離婚歴のあるレーガンに敗れた、つまり福音派は前者に失望し、後者を支持したという事実は、福音派の支持を獲得するためには、大統領の本人の信仰心より、いかに福音派が求めている政策を公約として掲げ、それを実行することが重要であるかを示した。同様のことが、二〇一六年の大統領選挙での福音派のトランプ支持にも言えるし、レーガンの一九八四年の再選と同様のことが二〇二〇年にも起こる可能性はあった。

†大統領選挙と共に成長してきたメガ・チャーチ

そうした中で注目すべきは、一九八〇年代後半から九〇年代以降、レーガン大統領の再選期から台頭してきたメガ・チャーチの存在である。

大統領選挙となると、州ごとでの投票であるため、南部を初めとする各州での福音派などキリスト教団体の活動が重要である。

例えば、次の【図5】は、「南部バプティスト連盟」の全米でのネットワークを示しており、各地に同教会組織があることが分かる。数値は実際の教会に出席する人数（一週間）を表しているのだが、北部や沿岸に集中している都市部ではその人数は少なめで、バ

［図5］南部バプティスト連盟所属の教会の分布と信者数

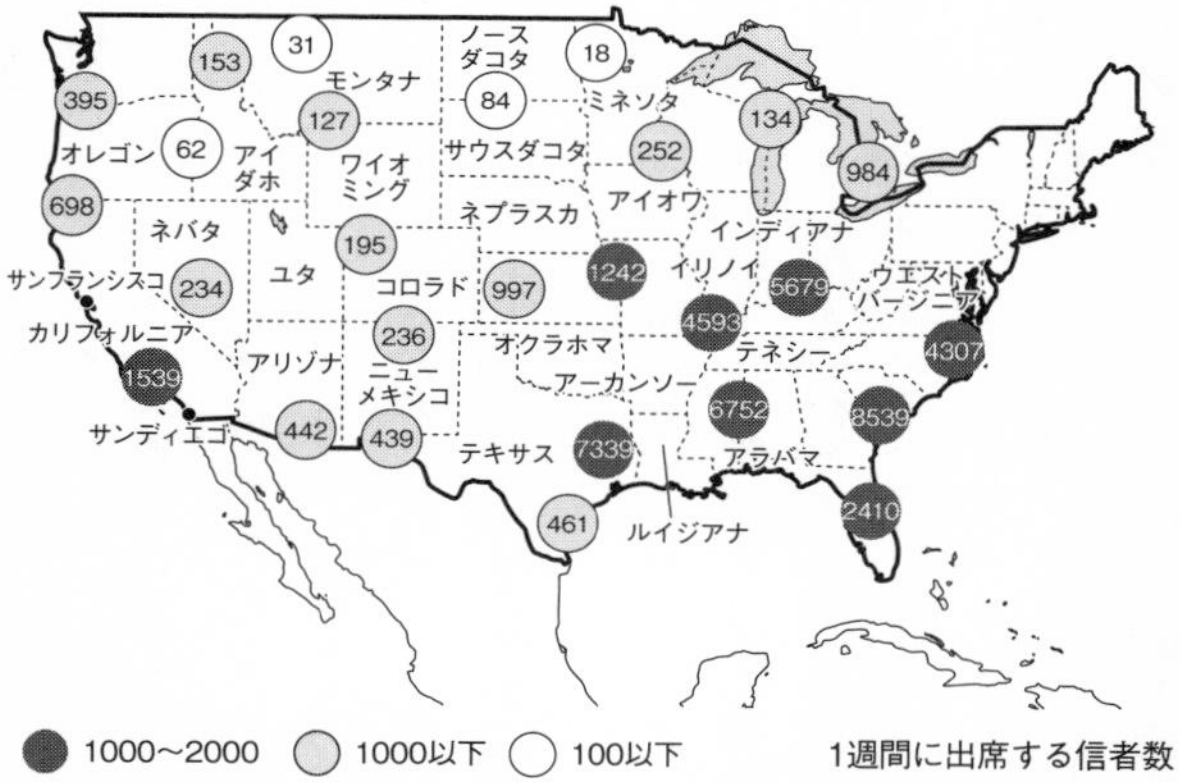

イブル・ベルトを含む南部、バイブル・ベルトではないが人口数や選挙人が多いテキサス州やフロリダ州では、特に人数が多いことが分かる。グレーに塗られている箇所が一〇〇〇～二〇〇〇を超える大人数の動員数を誇り、斜線の箇所は一〇〇〇以下の数値で、白の箇所は一〇〇以下の数値を表す。

こうした信者をまとめていくのが、メガ・チャーチの役割である。

カリスマ牧師のジェリー・ファルウェルの教会の起源がリンチバーグのトーマスロード・バプティスト教会にあり、リバティー大学といった学校創設などキリスト教教育システムなどを通じて発展してきたことは、第一章でも述べたが、その飛躍には一九八〇年と一九八四年のレーガン選出選挙があったと言って間違いないであろう。

大統領とファルウェル父子（兄弟）のようなカリスマ伝道師との強いつながりの起源は、ニクソン大統領の専属伝道師であったビリー・グラハムにあるという説もある。しかし、ビリー・グラハムは福音派ではあるものの、政治的には中立で必ずしも共和党などの保守政治と結びついていたわけではない。ましてやレーガン、ブッシュ・ジュニアやトランプのように宗教票の組織によって選挙戦で勝利する構図は、ニクソン大統領期にはまだ確立していなかった。

ビリー・グラハムは社会的には保守だったが、政治的には同じ南部バプティストとして、白人として黒人のキング牧師の公民権運動を支持するなどリベラルな側面もあった。そうした意味では「白人の福音派」が、共和党の支持基盤となるのはレーガン以降の現象であり、これをトランプが受け継いでいる。

このビリー・グラハムの黒人公民権運動賛同の伝統は、彼が創刊した福音派のジャーナル『クリスチャニティ・トゥデイ』誌に受け継がれており、トランプの移民政策を批判、またトランプとウクライナ論争に端を発する大統領弾劾に賛同するなど、トランプ批判を展開した。

この記事は「トランプは福音派に見放された！」と話題を呼んだが、福音派内ではリベラルないし左派と見なされている雑誌ゆえに、福音派の保守・右派や保守系シンクタンクの関係者はこのトランプ批判を「左翼の戯言」と受け流し、これで福音派のトランプ支持が衰退したとは言えないと評価している。

さらに興味深いのが、このビリー・グラハムの息子フランクリン・グラハムは、トランプを支持するカリスマ伝道師の一人であり、『クリスチャニティ・トゥデイ』誌のトランプ批判の記事について、現在の本誌の編集長の方針と自らの立場は異なる、つまりフランクリン・グラハムはトランプ支持を継続するという声明を発表、選挙前にペンス副大統領と共にワシントンで「祈りの行進」を組織した。

全米には小さいものも入れれば、計四万五千もの教会が存在するが、そのうち、メガ・チャーチと呼ばれるのは、一五〇〇程度である。その定義は二〇〇〇人以上収容できる施設を持つことであり、さらに一五〇〇のうち、五〇が週平均一万人以上の収容数で、これらをギガ・チャーチと呼んでいる。

[図6] メガ・チャーチの分布と信者数

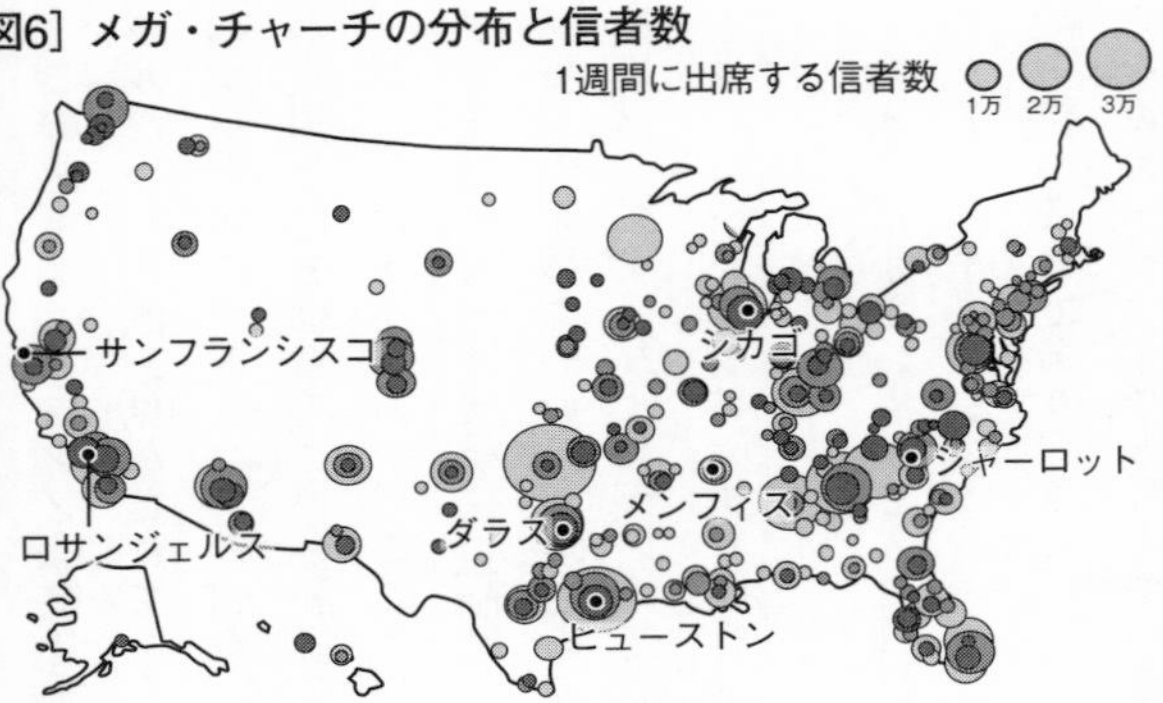
色が濃いほど、メガ・チャーチの
軒数が多いことを表す

(出典：ハートフォード神学校宗教調査研究所)

全米信徒研究二〇〇六～一二年の調査によると三三万六〇〇〇人（九八年）から四一万四〇〇〇人（〇六年）に増大、一二年のデータによると三八万四〇〇〇人である。メガ・チャーチの人数的な意味でのピークは、二〇〇〇年代であり、二〇一〇年以降全体としては少し減少しているものの、地域によっては増えているメガ・チャーチも存在し、その影響力は衰えていない。

[図6] は全米に分布するメガ・チャーチを表している。

週平均一万人以上の収容を誇るギガ・チャーチは全米で五〇存在し、断トツトップのテキサス州ヒューストンにあるレイクウッド教会は、第一章でも触れたトランプを支持するカリスマ伝道師ジョエル・オスティーンがひきいている。筆者は、リック・ウォーレンひきいる一一位のサルドバック教会に潜入取材している。その詳細は前著『熱狂する「神の国」アメリカ』の第八章を参照されたい。

リック・ウォーレンは、ビリー・グラハムの弟子格で政治的には共和党でも民主党でもなく、ましてやトランプ支持でもない。環境問題や国際的な貧困問題を扱うことでリベラルな福音派と定義されたこともあるが、中絶問題について反対、つまりプロ・ライフであることから、バイデンの支持に回ったとも考えにくい。フランシスコ教皇訪米のさいは、共にコラボ・ミサの開催や、説教ではマザー・テレサを引用するなど、カトリック教会との交流にも熱心である。本教会の場所柄(カリフォルニア州南部オレンジ郡、シミ・バリー)、ヒスパニック人口の増大に伴い、カトリックの彼らも呼び込む意図からと思われる。

二〇位のジョン・ヘイギーひきいるコーナーストーン教会は、テキサス州のサン・アントニオにある。ジョン・ヘイギーは福音派のカリスマ伝道師であるが、キリスト教シオニズム運動に深く関与、イスラエルを強固に支持し、イスラム教徒であるパレスティナのアラブ人に対して過激で侮辱的な発言で知られる。そしてトランプの強固な支持者である。テキサス州は人口が多いこともあるが、このようにギガ・チャーチが数軒あり、政治、特に共和党やトランプ政治に対する影響力は無視できないレベルである。

レーガン期に福音派票を動員するのに活躍したヘリテージ財団創設者のワイリックは、ギリシア正教から福音派への改宗者だった。「キリスト教保守」とは必ずしも、プロテスタントの非主流派の「福音派」には限定せず、そうした保守的な考えを持つキリスト教徒全般に適用され、それが共和党の支持基盤を形成することとなった。そのため、カトリックもまた歴史的にはプロテスタントと敵対関係にあったが、中絶反対などの保守的な考えに賛同する保守グループに取り込まれることとなった。

ペンス副大統領もカトリックから福音派への改宗者で、アメリカではこうしたキリスト教会内での「改宗」が盛んに行われ、これは欧州には見られない現象である。それだけアメリカ人は、宗教を身近にそして真面目に捉えており、信仰と常に向き合い、例えば所属教会の教えに少しでも疑問を感じたら、改宗を躊躇しない。欧州や日本ならその場合教会に行かなくなることはあっても、よほど信仰に熱心でなければ改宗することはない。

また「改宗」が日常茶飯事に行われるのは、信者たちの「メガ・チャーチ・ショッピング」が許されているからである。例えば所属教会A以外の教会Bの会合やイベントに参加し、そちらの方に惹かれるのであれば、「改宗」して翌週から教会Bの所属になるのは自由である。そうしたことから、カリスマ牧師はより心を引き付ける説教を準備し、よりウケる催し物を開催する「マーケティング競争」が過熱化する。アメリカの大学では、信者獲得マーケティング戦略のテーマでＭＢＡ（経営学修士）が取得できるのも、こうした理由からである。

†カトリックの保守化から「保守票」の形成

ここでカトリック保守票についても触れておきたい。カトリシズムは、欧州におけるキリスト教民主主義のように保守政治と結びつきが強いが、アメリカではプロテスタントに対して少数派のカトリックは従来民主党との結びつきも強く、リベラルな政治との親和性もある。ケネディ大統領とケネディ家が有名であるが、バイデンもそうした意味で、ケネディと同じアイルランド系カトリックで、民主党のカトリック・リベラルという「ケネディ神話」を、復活させようとする意図があるかも知れない。

実際、すでに触れたが、バイデンは、北アイルランド出身ノーベル賞受賞の詩人、シェイマス・ヒーニーの作品「希望とリズムの歴史」を選挙戦や勝利宣言で引用し、傷ついたアメリカを癒す、つまり分断を埋めると繰り返し述べている。フランシスコ教皇が言う、「壁ではなく橋を造る」に応えようとしているようだ。

しかしカトリシズムは、その元々の教えが「伝統的な家族」の重視や中絶の反対など、保守的な理念との親和性が高い。そういう意味でアメリカにおいては民主党のリベラルな政治との結びつきがあるのはむしろ例外的なのである。もっと言うとカトリック教会内が、キリスト教社会主義や解放の神学等のリベラルで左派的な派閥と、従来的な保守の派閥に分かれている。現在では前者が現教皇フランシスコで、後者が前教皇ベネディクト一六世と言われている。

アメリカにおいては、五〇年代から六〇年代に存在した雑誌『ナショナルレビュー』を創立したロジャー・バックリーのカトリック保守の系譜がすでに存在した（厳密には一九世紀〜戦前期のカトリックに対する差別の時代を経て、すでにカトリック保守の萌芽はあった）。

二〇二〇年の大統領選挙で民主党のバイデンが勝利したことで、こうしたカトリック内のリベラルと保守の分断が、今後どう展開するかが注目される。現教皇フランシスコが、イエズス会出身であり、元々欧州外の地域へのカトリック宣教のために設立された修道会だけに、その地域に根差した言語や風俗・文化に適合した布教スタイルを取ってきた特徴がある。

またイエズス会は、ラテン・アメリカでは解放の神学などのカトリックの左派的な解釈とも親和性が高い。ワシントンのジョージタウン大学はイエズス会の大学で、筆者は同大学「宗教と国際政治」研究所のクリスチャンセン神父に数回インタビューしたが、フランシスコ教皇の政策に全面的に賛同の立場であった。その文脈では、彼らもバイデン派ということになるだろう。

しかし「カトリック伝統主義派」からすると、こうした布教方法は欧州のカトリシズムの伝統から外れると批判されてきた。一九六五年の第二バチカン公会議以降、ミサでラテン語を継続して使用する「カトリック伝統主義派」と、英語や日本語やフィリピン語などの現地語を使用する「改革派」に分かれた。また左派的な傾向に対しても、保守として強く反発している。

アメリカでは、すでに触れたバックリーやスカリア判事のようなカトリック保守の系譜はこの「伝統派」に属することになり、二〇一一〜一六年までバチカンのアメリカ大使だったビガノ大司教もその立場で、フランシスコ教皇を公然と批判する。二〇二〇年の選挙戦では、テイラー・マーシャルがビガノ大司教と同じ立場で、そうした人物に相当するであろう。

テイラー・マーシャルはアメリカ聖公会の聖職者であったが、カトリックに改宗し「伝統派」の教えをYou Tubeなどの多くのメディアを活用し広めており、熱心なトランプ支持者である。彼は同じ「伝統派」の若手を招待して議論する活動も多く行っており、その中にはカトリック右派や右翼的な人物もいることから問題視されている。

彼はトランプの「中絶非合法化」政策を賞賛し、カトリック信者でありながら中絶に賛成しているバイデンを激しく糾弾している。また、民主党大会でスピーチを行ったフランシスコ教皇のお気に入りであるイエズス会のジェームズ・マーティン神父も非難している。教皇も、バイデン支持であることを暗に述べている。

「レーガン選挙委員会」内の「キリスト教票委員会」でも、カトリック票がすでにターゲットとなっていた。動員された聖職者数はプロテスタントが主流派と福音派合わせて一五万人以上であったのに対して、カトリック聖職者は五万人で約三分の一であった。聖職者が信者の人口比率的に四分の一とすると、カトリックはプロテスタントの約半数〜三分の一なのでほぼ見合っている数である。

しかし、第一章でも述べた通り、プロテスタント特に福音派は、神が降りてくれれば誰でもいつでもカリスマ牧師や伝道師になれる万人司祭制度であるのに対して、学問を修めなければ聖職者になれないカトリックでは、元々信者数に対して聖職者数が少ないことを考慮すると、実はかなりの動員数といえる。

一九七八年に就任した教皇ヨハネ・パウロ二世(在位一九七八~二〇〇五年)の神学的・社会的な立場が「保守」であったことも、アメリカのカトリック・ロビーの保守化に貢献した。日本を含む世界各国を歴訪したオープンなイメージとは裏腹に、カトリック教会内やキリスト教会全体、また社会への保守的な価値観浸透を行った。

ヨハネ・パウロ二世は、一九六二~六五年の第二バチカン公会議を指導したヨハネ二三世や彼の後継者のパウロ六世がリベラルであったのに対して、保守的な立場であった。冷戦の文脈では、リベラル派はデタント的な共産主義に対する宥和的な態度だったが、保守派は共産主義と闘う姿勢を崩さず、そういう意味でもレーガンとの親和性が高かった。

アメリカとバチカン間の正式な国交回復がレーガン政権下で実現し、レーガン+ヨハネ・パウロ二世の緊密な協力関係が数年後の歴史的な冷戦終結につながった。アメリカ内では、第二バチカン公会議に批判的なアメリカ・カトリック保守の代表となったアントニン・スカリア判事が、八二年の最高裁判所判事へ就任という象徴的な出来事があった。カトリック保守の論壇で重要なのが、宗教保守有力誌『ファースト・シングス』であろう。冷戦終結後一九九〇年に、プロテスタントからカトリックに改宗したノイハウス神父が創刊、ヴァイゲルなどカトリック保守の論客が、定期的に寄稿している。ヴァイゲルのヨハネ・パウロ二世の伝記は「冷戦の勝者アメリカとバチカン」を強調、ベストセラーとなった。

レーガンの選挙戦のための共和党のカトリック票動員の成果は、一九八〇年では民主党に対して一～五%多くレーガンに投票するという結果を導いた。そして再選となった一九八四年にはスカリア判事の就任やバチカンとの正式外交関係の回復などを経て、民主党に一一～二〇ポイント近い差をつけて、レーガンがカトリック票を多く取得した。共和党がカトリックの党になったのである。しかし、これは白人のカトリックに限ったことであり、ヒスパニックのカトリックの多くは民主党を支持している。

こうした経緯を見るとカトリック票は、レーガン選挙からトランプ選挙に至るまで最大のスイング・ボート（浮動票）とされている。また二〇一六年大統領選での白人カトリック票がわずかにトランプへの多数となったが、ヒスパニックも含めるとヒラリー支持が六七％、トランプ支持が二六％と民主党への支持が圧倒的だったことが分かる。

二〇二〇年選挙ではカトリック票は真二つに割れ、ほぼ五分五分となった。特筆すべきことは、ヒスパニックのカトリック票は、マイノリティの党である民主党にいくと言われていたが、フロリダやテキサスでのトランプ支持のヒスパニックのカトリック票が二〇一六年より増えて二〇％以上となり、地域によっては三〇％近くを獲得した点である。一方バイデン自身が、アイルランド系の白人カトリックであることも手伝い、二〇一六年より民主党支持が増えた。

また、ピューリサーチセンターの調査によると、ヒスパニックの四分の三はカトリックだが、四人に一人が福音派に改宗と、ヒスパニックはアメリカのカトリックと福音派人口を押し上げる要因となっている。南部のテキサス州やフロリダ州のヒスパニックは、メガ・チャーチに通う福音派、特にペンテコステ派への改宗者が多くいる。となると、ヒスパニック人口の増大はカトリックにとって重要な要因であり、また大統領選挙戦では無視できない構成員である。

†宗教票動員戦略のゆくえ

ここで本章を総括しておきたい。レーガン大統領選挙委員会の史料の分析を見てみると、宗教票が本格的、組織的に大統領選挙で動員されたのは一九八〇年の選挙戦だった。選挙委員会の立場からは、以前は民主党支持票であった福音派とカトリック保守票が、共和党に流れ、またどちらも保守票として類似した投票行動として分析されるようになる。

福音派について言えば二期のオバマ期で衰退したと言われたが、二〇一六年の選挙戦で復活し、福音派の政治活動への関与や、これを組織するメガ・チャーチやギガ・チャーチの拡大、そしてこれらを票田とする動きは衰えてはいない。さらに彼らはブッシュ・ジュニア選挙以上に「白人の宗教としてのキリスト教福音派」という色彩を濃くした。

カトリックが数値的にはプロテスタント全体の半数以下であっても、レーガン政権以来宗教保守の政治的な原動力になってきた。カトリック票は共和党と民主党の間で浮動票として存在してきた。トランプ政権では、「白人のカトリック」と「ヒスパニックのカトリック」の間に、前者が共和党、後者は民主党を支持とする明確な分断が見て取れる。ただし、二〇一六年の選挙戦では、白人カトリックの多数派がトランプを支持、ヒスパニックのカトリックが圧倒的にヒラリー支持であるが、カトリック票全体ではトランプに過半数という結果となった。

トランプ陣営は副大統領候補のペンス氏がカトリックから福音派への改宗者であることから、白人の福音派だけでなくカトリック保守票を固めることには成功していた。事前調査ではカトリック票はヒラリーに有利との予測があったことで、本選の数週間前に三三人のカトリック保守のアドバイザーを雇っていた。

二〇一七年、トランプ政権が誕生してその中枢にいたスティーブン・バノンもまた白人カトリック保守としての影響力を政権にもたらした。トランプ大統領選出で「保守」として距離が縮まった福音派とカトリックであるが、イスラム教徒などの台頭に対してキリスト教同士の政治的連帯意識が強化されるに伴いより保守化し、カトリックは僅かに多数派の支持政党を民主党から共和党にシフトしている。

福音派は、中絶反対についてカトリックを乗っ取った歴史的な経緯もある。しかしカトリック側も保守化する過程で、宗教保守ロビーの中に統合されることを選択する白人カトリック保守は少なくない。つまり互いに利用し、白人の福音派と同様に移民政策については排斥的な態度を取る。これにはイスラム教徒の人口増加に対する脅威と関係がある。

世界のキリスト教人口はプロテスタントとカトリック、さらに正教徒を併せても、あと数年でイスラム教徒の人口に追い抜かれるというデータがある。アメリカのイスラム教徒は少ないものの、欧州では二〇一五年の難民危機以降イスラム教徒が急増、キリスト教文明を脅かすと見なす組織との横のネットワークを有しており、グローバルなレベルでのイスラム教徒人口増に対する「文明の衝突」的な側面が否定できない。それが、イスラム教を国教とする国からの訪問客を含む入国禁止令などの移民排斥につながった。

欧州におけるイスラム系移民の排斥の背景には、イスラム文明に対するキリスト教文明の優越性の維持を望んでいることが一つの要因と言えるだろう。欧州に存在するカトリック保守の宗教・政治組織である「人間尊厳研究所」とアメリカの「カトリック伝統派」などの宗教保守・右派団体やロビーはつながりを持っており、この組織は、現教皇フランシスコの移民や難民、そして同性愛者に対して寛大でリベラルな態度に反対している。

彼らが目指すのは、欧米のキリスト教文明をイスラム系移民から守ること、そして行き過ぎた政教分離に反対しキリスト教的な規範なり価値観を、政治や社会の中に取り戻すことである。フランシスコ教皇より、前任者のベネディクト一六世に賛同している。

世俗主義の進行を抑えることも唱えているが、これにはイスラム教がキリスト教に比べると政教分離がなされていない宗教であることからの影響もある。キリスト教文明がイスラム文明に侵食されないために、政治と宗教を接近させる政策を取るように、各国やEU等に圧力をかけている団体もある。

一方でカトリック、特にカトリック・リベラルは、福音派の宗教保守や右派と接近することを拒んでおり、イスラエルの首都問題には強く反対している。エルサレムは三大宗教の聖地であり、ユダヤ国家であるイスラエルが独占することはイスラムとの宗教間対話の妨害になる。またカトリックの聖地でもあることから、ユダヤ・キリスト教シオニストに独占されることへの危惧もある。さらにこうした反イスラム的な政策が中東における少数派キリスト教徒への攻撃の口実となり、その命を危険にさらすとして反対している。

アメリカのカトリック教会は、「伝統派」を含む保守とリベラルに分かれ、また信者をカトリックから福音派に改宗させる宣教活動にも懸念を抱いている。プロテスタント福音派とカトリックの間では、特にヒスパニックをめぐる信者の奪い合いが起きている。カトリック教会のリベラルは包括性をアピールするが、それは宗教組織にとって究極的には信者数の増大や維持が重要な目標であるからなのだ。

第四章

宗教ナショナリズムが動かすアメリカ政治

†福音派が望む選挙公約を実現したトランプ前大統領

前大統領トランプ本人の信仰心については、これを疑問視する声がよく聞かれた。筆者も日本人から「トランプ自身の私生活は、およそ敬虔なキリスト教徒から信頼を得るには相応しくないのに、なぜ彼らは支持するのか」という質問をしばしば受けたものだ。アメリカでも同様な疑問を持っているリベラルなメディアや知識人はいるが、アメリカ人のキリスト教徒の多くには、トランプを支持する十分な理由があるのだ。

すでに前章のレーガンのところで述べたように、彼も信仰心はほとんどなかったが、キリスト教福音派が支持する政策を選挙公約等で打ち出したことが、選挙戦に有利に働いた。ブッシュ・ジュニアは、本人がボーン・アゲインのクリスチャンであることを明言していたが、トランプはレーガン・タイプで、二〇一六年大統領選で彼に投票した宗教保守や宗教右派に感謝の意を表するかのように、彼らが望む選挙公約を次々と実行したことが、トランプに対する福音派の支持が揺るがなかった理由である。

筆者がワシントンでトランプ支持のキリスト教信者たちを取材したときも、「私生活云々はともかく、ちゃんと仕事をする大統領」であり、「ペンスのようなキリスト教的価値観を守る副大統領のバックアックがある」と評価していた人が多数だった。彼らにトランプの不倫スキャンダルなどについて尋ねると、「すべての人間は間違いを犯す、完璧な人間なんていない」と返事をされた。

レーガンの時もそうであったが、トランプもペンス副大統領や元戦略アドバイザーだったバノンなど側近やブレーンにあたる政権内の重要人物に福音派、もしくは福音派的な宗教保守や宗教右派を少なからず配置し、選挙に活用していた。特筆すべきは、ペンス副大統領、ポンペイオ国務長官、ブラウンバック宗教大使の「宗教三巨頭」だろう。

次項からは、まず「宗教三巨頭」に触れてから、トランプが実行していった選挙公約を説明する。アメリカ政治が、いかに宗教ナショナリズムの影響のもとに動いているかを理解いただけるだろう。

†トランプ政権を支えた宗教三巨頭

トランプ政権は、内政的にも外交的にも三人の「宗教巨頭」によって支えられてきた。福音派など宗教保守の要求に応える数々の政策を実施し、大統領選でも彼らの支持を維持する上で重要なペンス副大統領とポンペイオ国務長官、そして宗教大使のブラウンバックである。

・ペンス副大統領

マイク・ペンスは、下院議員やインディアナ州知事を経て副大統領となった。インディアナ州のアイルランド系カトリックの家庭に生まれたが、結婚時に妻の宗教である福音派に改宗している。熱心な福音派のキリスト教徒で、トランプ本人の信仰心に多少疑問がある福音派の者も宗教保守的な信仰心については絶対的な信頼を寄せている。

福音派の団体と太いパイプを持つペンスは、大統領選でも福音派票を集約する重要な役割を担ってきた。オバマ政権時には、七〇%を福音派が占めたティー・パーティー運動のリーダー的存在であり、二〇一六年選挙では当初、共和党の福音派の候補であったテッド・クルーズを支持していたが、クルーズが最終的にトランプとの共和党代表に敗れたことで、トランプの娘と婿夫妻に乞われトランプの副大統領候補となった。

結果として、福音派票の動員でトランプを勝利に導いたことで、トランプ自身からも高い評価を受けた。二〇年六月以降に起きた「ブラック・ライブス・マター」運動でも、トランプより迅速に黒人の南部バプティストなど福音派の牧師や信者たちを招待して対話の機会を持つなど奮闘した。

外交については、反中国や反イラン、そして福音派の特徴としてキリスト教シオニズムへの親近感から親イスラエルでネタニアフ政権を支持している。

大統領就任後、国務長官や防衛長官やバノンなど、次々と側近を更迭する中で、ペンスはトランプの腹心の側近として現ポジションにとどまり続けた。

・ポンペイオ国務長官

マイク・ポンペイオは、カリフォルニア州オレンジ郡のイタリア系アメリカ人で、まず米軍で輝かしいキャリアを積んだ。ハーバード・ロースクールから学位を授与され、カンザス州の下院議員として活躍し、その後、CIA長官を務めた。国際協調的だったティラーソン前国務長官が、二〇一七年に国連の環境問題でトランプと意見を異にして対立し解任され、その後任としてCIA長官から国務長官に抜擢された。

ポンペイオは、トランプと同様に外交において強硬派であり、特に中東における反イランや中国への強硬政策などを展開した。二〇二〇年選挙前には欧州を訪問し、バチカンでフランシスコ教皇の中国への妥協的な態度に圧力をかけようとしたが、教皇が謁見を断る事態になり物議を醸した。また中東政策でキリスト教シオニズム的な親イスラエルで、ネタニアフ政権への強い支持についても知られる。

エルサレムへのイスラエルの首都の遷都、アメリカ大使館の移転については福音派が信じるキリスト教シオニズムを実現するものであったことは知られている。さらにイスラエルとUAE、バーレーンやカタールのアラブ諸国との国交正常化を仲介、カタールで、アフガニスタンのタリバン代表と直接外交交渉を行い、またイスラエルとサウジの国交樹立もささやかれるなど、宿敵ユダヤ教とイスラム教の両国を取り持つ凄腕外交を展開している。

ポンペイオ本人の信仰も福音派の長老派であると明言しており、身分は「執事」という俗人でありながら、礼拝などでは牧師の役割を果たすことができるほど信仰熱心である。国務長官就任前は日曜学校や所属教会で「執事」として礼拝を行ったり、聖書を教えたりした経験もある。

・ブラウンバック宗教大使

サム・ブラウンバックは、通商代表部、ホワイトハウスでの勤務を経て、一九九四年の中間選挙で同州二区から下院議員に初当選を果たす。当選二年後、同じカンザス州選出の上院議員、ボブ・ドールが大統領選出馬のため議員を辞職すると、補欠選挙に出馬。上院議員に初当選する。一九九八年、二〇〇四年の選挙でも圧勝し、二〇一一年まで三期約一四年連邦上院議員を務めた。

キリスト教原理主義的で、中絶や同性婚に強く反対し、対外政策については介入主義だった。中東にいるキリスト教徒の命を守るためにアメリカは介入するべきであるという立場だ。実際にはカトリック信者で、カトリック保守である。ブッシュ政権下、九・一一後のアフガン攻撃終息後、ジョー・リーバーマン、ジェシー・ヘルムズら九人の議員と共に、二〇〇三年の対テロ戦争として、対イラク戦争開戦のきっかけを作った議員の一人で、ゴリゴリのタカ派である。

北朝鮮の独裁体制と人権侵害を厳しく批判している政治家でもあり、日本人の拉致問題に対して関心を寄せるアメリカ政治家の一人であることから、拉致問題の国民大集会にもVTRで参加したことがある。

二〇〇八年アメリカ合衆国大統領選挙への出馬を表明するものの撤退し、その後は二〇一〇年の中間選挙においてカンザス州知事選に出馬、大幅減税の公約を掲げて民主党トム・ホランド候補を大差で破って当選し、二〇一一〜一八年まで同職を務めた。就任するやいなや、一一年五月に妊娠三カ月を超えた中絶を非合法化した。

一七年、同年七月二六日にトランプ前大統領によって「全権宗教大使」に指名されたが、反LGBTや反イスラム疑惑により、二〇一七年度の無記名投票等では承認されなかった。結局、トランプはブラウンバックを二〇一八年一月に再指名し、上院投票でタイブレーク試合が続くなか、副大統領の「議長裁決」によって一月末日カンザス州知事を辞任し、ようやく二月一日付で晴れて「全権宗教大使」となった。

ブラウンバックも、ペンスやポンペイオの事例に漏れず、全米二位社団法人で福音派を支援したことがあるコーク財団からの財政的バックアップを受けている。カトリック教徒でこのポジションに就いたのは初である。

†白人福音派の七六%が支持したイスラム教徒の入国制限

いずれも福音派との関係が深い側近たちに支えられて、トランプ前大統領は大統領令を乱発し、宗教保守層との選挙公約を実現していった。

具体的には、イスラム教徒の入国制限、メキシコとの国境の「トランプの壁」、ジョンソン修正条項廃案、オバマケア廃案、エルサレムへの大使館移転、そして大統領令ではないが保守の最高裁判事の任命などがある。

トランプが出した最初の大統領令は、二〇一七年二月に発令された大統領令一三七六九、「イスラム教を主要宗教とする中東及び北アフリカの七つの諸国からアメリカへの入国禁止令」だった。すべてのイスラム教徒を多数派とする諸国が対象ではなく（サウジアラビア等は除外されていた）、イラクやシリア、イランなどのイスラム過激主義が横行している諸国からの入国制限だ。

この大統領令は民主党などのリベラル派からは批判され、ワシントンとミネソタ州から違法だと訴えられたものの、裁判所の判決では合法とされた。なぜなら、一九七二年に冷戦下でマルクス主義者のベルギー人ジャーナリストの入国禁止を合法とした最高裁判所の判決があり、前例として重視されたからである。大統領の任務は国家の安全を守ることであり、安全を脅かす可能性は低くしなければならない。最終的に二〇一八年六月には最高裁が「信仰の自由を保障した憲法条項に抵触しない」という判決を下したが、その過程でもこの七二年の判決例が使われた。

[図7] イスラム教徒入国制限大統領令に対する支持率

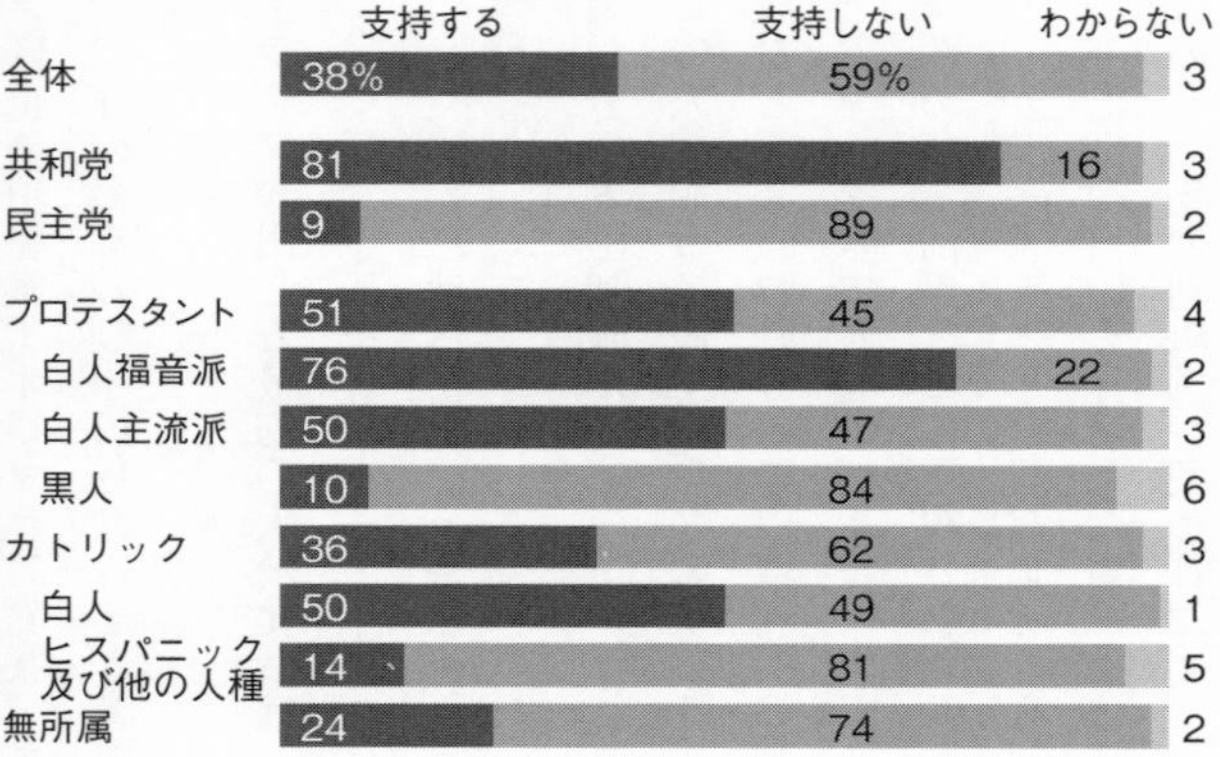

(出典：ピューリサーチセンター)

これら入国制限の対象国には、エジプトやレバノン等、テロ国家とは言えない諸国も含まれており、実際、エジプトとの二重国籍を有するイギリス議員が入国できなくなり話題になった。また、パキスタン等、南アジア系のイスラム教徒も対象だったことで、シリコンバレーに打撃を与えた。

しかし、イスラム移民規制は、共和党はもちろんのこと、白人の福音派から大きな支持を得ていた。（[図7]）がこの大統領令に賛成か反対か、共和党か民主党か、また人種と宗教別に見たものである。イスラム移民規制は対テロ政策の一環としイスラム国との戦いの文脈というのが大義名分であったが、「キリスト教保守」、特に「キリスト教右派」はテロリストだけでなくイスラム教徒全般に対して敵対心を持っており、図からも分かるように共和党全体の八〇%以上、白人の福音派の七六%が支持だった。

また、トランプは九・一一直後にブッシュが導入した「アメリカ愛国者法」の再法制化を図ったが、それでイスラム教徒への入国制限の大統領令は正当化された側面がある。この法は、アメリカ国内で潜在的なテロリストへの監視体制に協力するもので、また入管法の強化も行われ、つまりこれが「宗教差別」の起源ともなった。

†不法移民に対抗するメキシコとの国境の壁

入国制限より厳粛な「移民政策」として有名になった大統領令は、いわゆる「トランプの壁」だった。「トランプの壁」は、メキシコからのヒスパニック（ラティーノ）の不法移民問題である。彼らの多くはカトリックなどキリスト教徒であることから、これは宗教差別ではない。日本のメディア報道では、イスラム教徒であろうとも、ヒスパニックであろうとも、非白人への白人による人種差別として報道されがちであるが、宗教差別であるイスラム移民規制と「メキシコの壁」とは分けて考える必要がある。

トランプは大統領令にて、メキシコとの国境に「通過不可能な具体的な障壁」を建設するように命令した。さらに、未登録移民の保護区となっているアメリカ内の都市への連邦交付金を撤回する命令にも署名した。日本のメディアは「移民国家アメリカにおいて、移民排斥は人種差別である」という報道を行うが、日本でも外国人労働者に対する過酷な差別があるし、地理的な条件も配慮したほうがいいだろう。

日本は海に囲まれ、不法移民の入国の数にも限りがある。一方、アメリカはメキシコなどの中米諸国と隣接していることから、【図8】のように莫大な数の不法移民が毎日入国しているのだ。これら国境を接する南部の州では、州によってはラティーノの人口比率が四〇%に上る地域もあり、英語よりスペイン語が話されるなどの状況に直面すれば、白人が「アメリカが失われる」という脅威を感じても不思議ではない。

特にバイブル・ベルトにあたるテキサスや隣接州に入国する不法移民数は群を抜いている。ベネズエラなどの破綻国家や、メキシコでの麻薬戦争などからの「難民」も少なくないが、すべてを受け入れたら、アメリカがこれまでのアメリカでなくなるという恐れを抱くのも理解できなくはない。そうしたことがトランプへの支持につながっていたのである。

移民問題には、不法移民だけでなく難民申請という問題もある。そしてトランプ政権は難民申請の受入数を削減していたのも事実だ。現代アメリカ政治学者の梅川健氏の論文は

［図8］メキシコとの国境・地域別不法移民逮捕者数

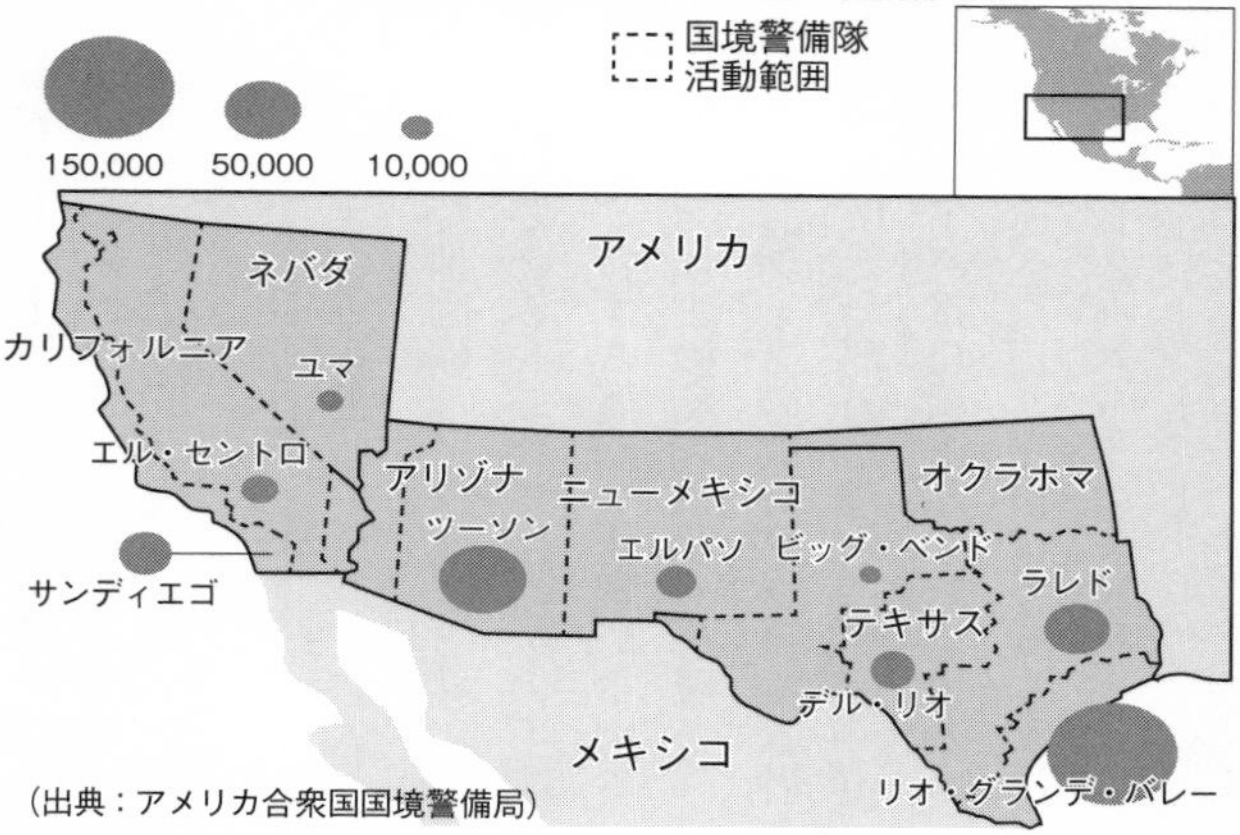

（出典：アメリカ合衆国国境警備局）

次のように述べる。

「二〇一三から二〇一五会計年度にかけての受入数は七万人、二〇一六年度は八万五〇〇〇人、二〇一七年度は一一万人だった（トランプが大統領就任後、五万人に削減）が、二〇一八年度には四万五〇〇〇人、二〇一九年度には三万人と、現在の難民受入プログラムが始まって以来最低水準となっている。亡命申請についても制限を設けたことで、二〇一九年七月一五日、司法省と国土安全保障省は南部国境を越えて入国した者による亡命申請を、その者が先に第三国で保護の申請をしていなければ認めないとする新しい規則を発表している。これはトランプ政権が強制送還手続きを積極的に運用しているからであり、国土安全保障省はグリーン・カード申請手続きを変更し、申請書に不備がある場合に申請書をそのまま却下できるとした。申請が却下された場合、申請者は強制送還手続きの対象となるのである」（梅川健著「トランプ政権の移民政策：目を引く政策と着実な変化」東京財団メルマガ二〇一九年八月二二日）。

先に示した地図は、メキシコと接している南部の州と不法移民の多い都市と不法移民の数値を示している。これだけの数の不法移民がいるのであれば、トランプの「壁」建立という政策を支持する層が一定数いるのも分からなくはない。また同じヒスパニックにしても、すでに「合法移民」となった層で、家族内での「合法」と「非合法」の分断がないのであれば、トランプの政策を支持する者もいることが、カトリックのヒスパニック票の共和党支持が増えた理由だろう。

実際キューバ系にはそうした立場から、また反共産主義の立場から共和党支持者が多いのはすでに述べた通りだが、そうした出自のマルコ・ルビオ議員も、トランプほど強硬ではないが「ヒスパニックの合法移民は受け入れるが、不法移民は排除」という発言をしている。

†宗教団体の政治活動を可能にする「ジョンソン修正案」の廃案

次なる大統領令として、二〇一七年二月中旬のジョンソン修正案の廃案と、一二月六日にイスラエルの首都をエルサレムとして認識・承認した出来事（実際の遷都は二〇一八年五月）を取り上げる。

トランプ前大統領は「ジョンソン修正条項」を撤廃したが、一九五四年に制定されたこの条項は、宗教団体などの非課税組織による公の場での政治的発言の禁止や政治候補者に対する支持、不支持を表明した場合、免税措置を剝奪するというものであった。当時上院議員だったリンドン・ジョンソン元大統領の後押しで成立した税法の修正条項である。

本条項について、トランプ前大統領が「信仰の自由とは、信仰の信条に従う自由であり、それを政治の舞台から排除する自由ではない」と述べたことに対し、日本から出席した渡部信氏（日本聖書協会総主事）は、「だからこそ、宗教者の発言の自由が法律で規制されるのはおかしいという判断となり、ジョンソン修正条項の撤廃という発言になった」と指摘している。

トランプ前大統領は「これからは宗教者にも政治的発言を含む言論の自由を認めつつ、従来通り、免税措置の恩恵も受けられる」というメッセージを、彼の支持層である福音派を含むキリスト教保守に対してアピールし、宗教の自由と小さい政府による減税政策を組み合わせた形となった。これにはティー・パーティー運動にも見られたリバタリアン的な要素も取り込んでいると言える。

この「ジョンソン修正条項」の撤廃を通じて、政治から教会を締め出す法律を「完全に撤廃」するのがトランプの意図だった。そういうと政教分離の憲法の原則に違反するのではという批判がよく聞かれるが、アメリカ憲法が述べているのは国家と教会の分離であって、国家と宗教ではない。それは、「宗教の自由」の言説によって正当化され得る。

トランプ前大統領は実際に一七年二月二日出席した全米祈禱朝食会で、牧師による政治候補者への支持表明などを禁じたジョンソン修正条項を撤廃すると表明した。トランプは、同修正条項を「完全に撤廃し、信仰の代表者が報復を恐れることなく自由かつ率直に発言できるようにする」と述べたのだった。

同修正条項を大統領令として発令後、法案化を目指したが、下院では政教分離の憲法に抵触するとして否決された。しかし上院では賛同を得ることに成功した。これはラルフ・

リードやジェリー・ファルウェル・ジュニアのアドバイスによるものであった。同修正条項については、メガ・チャーチが法人税等の非課税の団体でもあることから、その興亡にも関わり、メガ・チャーチを政治利用しようとするトランプにとっても、牧師など宗教関係者にとってもメリットがあったからである。

つまりメガ・チャーチなどの宗教団体が、「政治的な活動」を行うことを実質上可能にする狙いであり、政教分離を定める憲法は宗教団体が政治活動をするのを禁じているわけではなく、それを禁じていたジョンソン修正条項撤廃で可能となるとの判断であった。

この政策は、二〇一八年の中間選挙にあたってさっそく活用された。ブッシュ・ジュニアの大統領選出選挙でキリスト教票を取りまとめて名声を得たラルフ・リードは、トランプ政権でも自身が設立した「信仰と自由連合」を通じて同様の役割を継続している。

この「信仰と自由連合」は、二〇〇九年五月にラルフ・リードによって「キリスト教連合」の二一世紀版として、ティー・パーティー運動とキリスト教福音派の運動を統合するために設立された。以降、二〇一二年の大統領選挙で現職だったオバマ大統領に対抗して共和党の候補、ロムニーを立てるにあたって本格的に始動した。

選挙は最終的にオバマの勝利に終わったが、次の二〇一六年のトランプ選挙を準備すべく、異なる保守的運動を共和党支持に統合する組織となった。保守政治活動協議会（CPAC）の大会でロムニーを招き、一二年選挙戦でポール・ライアンも巻き込み、大会を行った。保守政治活動協議会の歴史は一九七四年創立に遡り、六〇年代後半の若者による反ベトナム戦争運動の左翼的動きに対抗したバックリー等がひきいた「自由のためのアメリカ若者」団体を母体とし、共和党による保守主義を推奨する組織となった。

影響力は拡大し、二〇一八年九月末、ラルフ・リードは米中西部アイオワ州デモインで開いた「信仰と自由連合」の集会で、「キリスト教信者の有権者二六五六万二五三九人のデータベースを構築した」と誇らしげに語った。大統領選挙に関し、「手紙を送り、電話し、家を訪ねる。選挙当日には携帯メールを送る。午後三時までに投票していなければ、投票所に連れて行く」と述べてトランプを支持し、会場から大きな歓声が上がった。こうした動きがあったのは、ジョンソン修正条項の廃案があったからだろう。

この他に、福音派の組織としては、ドブソンが設立した「フォーカス・オン・ザ・ファミリー」や「家族調査評議会（Family Research Council）」が設立された。これらの機関は主にトランプを支持する宗教票を組織しているが、特に「家族調査評議会」は「道徳的投票サミット（Value voters summit）」を行うなど、宗教的な信仰を直接投票行動につなげることに成功した。

†大統領選挙に多大なる影響を及ぼす「家族調査評議会」

この在ワシントンの福音派の最大ロビー「家族調査評議会」の「道徳的投票サミット」は、毎年恒例の大きなイベントであるが、二〇二〇年は大統領選挙の約一カ月前、九月二二〜二五日に開催された。

同団体の所長のトニー・パーキンスは福音派のリバティー大学の卒業生であり、数ある福音派やキリスト教系団体の中でも政治色が強く、特にトランプ政権ではホワイトハウスにも食い込むほど影響力を持っていた。筆者は広報部長のトレビス・ウェイバーに数回にわたってインタビューを行ったことがあり、また同団体主催の公開セミナーにも何度も参加している。同団体の日々の活動の集大成がこの「道徳的投票サミット」だが、特に大統領選挙の四週間前に開催されることもあり、直接的に有権者への投票行動を左右すると言っても過言ではない。

「家族調査評議会」はワシントンの一等地に立派なビルを構えているので、大統領や副大統領、そして国務長官を含む名だたる共和党の議員をスピーカーとして招待することが物理的に可能であり、またその人脈を有しているという政治力を垣間見ることができる。

「道徳的投票サミット」には、牧師から政治家まで多数の著名人が招かれスピーチを行った。ペンテコステ派教会（福音派の一派だがより霊的な救いを重視）の国際的組織「キリスト・神の教会（Church of God in Christ, COGIC）の聖職者のトップである黒人牧師ヴィンセント・マシュー、トルコで二年間拘束され「宗教の自由」のシンボルとなったブロンソン牧師といった面々に加えて、ポンペイオ国務長官やホワイトハウス大統領首席補佐官マーク・メデウズが登壇した。

ポンペイオ国務長官は、「宗教の自由」とその委員会や大会について語り、これらは外交的な政策として重要であることを強調した。自らの信仰について聞かれると福音派であることをはばからず語り、「アブラハム信仰（キリスト教、ユダヤ教、イスラム教が共に経典の民で一神教の共通点）」の大会にエジプトで参加したことも明らかにし、教会は世界で一致していこうとするエキュメニカルを強調した。

メデウズ大統領首席補佐官は、二〇二〇年六月、ミネアポリスの反人種差別デモの対応をめぐり、トランプ前大統領がエスパー国防長官を解任する意向を示した際には、ポンペイオ国務長官とともにこれに賛同、現政権内で強い発言力を持っているとされていた。彼とパーキンスはブロンソン牧師の救助作戦などで共に一緒に仕事をしたことを明言しており、「家族調査評議会」がトランプ政権といかに近い位置にいたか、その組織の要求事項の多くが政策に反映されていたかを物語る人物でもある。メデウズは、アメリカのエルサレム移転や、ジョンソン修正案の廃案、そして最高裁判所のギンズバーグ判事の後任指名など、トランプ政権の評価を語った。

大統領選では「スイング（激戦）州」となるノースカロライナ州をトランプが制するためには、メデウズのような人物が「道徳的投票サミット」に登壇することは不可欠と考えられたのであろう。

†オバマケアの廃案

オバマケアの廃案もまた、二〇一六年のトランプの選挙公約であった。本問題とキリスト教が直接関わるというのは読者にはピンとこないかも知れないが、欧米では医療・福祉政策とキリスト教は切っても切れない関係にある。

福祉国家と言われるイギリスでも一九世紀からサッチャー政権を経て現在でも、キリスト教や教会は出てこないものの、ボロンタリズム（自助）対国家によるヘルスケア（NHS 無料の医療）かの論争があり、イギリスは後者を選択した。一方、アメリカではイギリスとは対照的に、ボロンタリズムによる医療・福祉政策が、培われてきた歴史がある。それを覆そうとしたのが、医療保険改革を中心に据えたオバマケアであった。だからこそ、オバマケア導入をめぐっての反対や大論争が展開したのである。

アメリカ、特に共和党政権は「小さい政府」を掲げることで、減税する代わりに福祉・医療分野でも国家は介入しないという政治・文化が強いため、オバマケアへの反対が広がった。後述するように、オバマケアについては制度そのものの問題点も多々あるだけでなく、理念及びイデオロギー的な問題もあった。つまりキリスト教的な理念や教会の社会的な役割と、対立することになるからである。

「チャリティー」という言葉は何気なく使われ、日本語では慈善活動と訳されるが、実はキリスト教の重要な概念である。カトリック、プロテスタントにかかわらずキリスト教全般的な思想だ。元々は「喜捨」という概念からきており、聖書には「金持ちは天国の門をくぐれない、くぐるためには持っている富を捨てなさい」という一節があり、特に福音派など聖書を原理主義的、額面通りに解釈する教派にとっては重視される。しかしすでに述べたボロンタリズムと関わり、こうした行為は自発的である必要がある。

つまり貧しい者や恵まれない者を助けるために富を一定量所有する者のチャリティー活動は、自発的であり自らすすんで喜んで富を捨てることが前提である。そうしたことから民主党のオバマ政権下での、高い税率による徴税は国家による強制的な行為であり、それがたとえオバマケアのような貧困層への医療拡充に使われたとしても、ボロンタリズムに基づいていないことになる。

メガ・チャーチには、公共サービスに代替する機能が実は多く備えられている。こうした福祉や医療保険についても、民間の高額な医療保険などに団体加入することで、各自の保険料の負担を軽減する役割も担っている。

メガ・チャーチには富裕層から、中間層、そして貧困層まであらゆる階級の構成員がいる。富裕層は自らが属する教会にチャリティー活動として「喜捨」を行い、また信者数も多く、その結果多額の寄付金が集まる。教会は、それを貧困層の保健への加入資金、また、アルコールや麻薬への依存症からの脱却プログラムや、メンタルヘルスのケアなどについてもサービスを提供する資金とするのである。

メガではない普通の教会、例えばカトリック教会では自らが保険会社を運営する事例すらある。前著（『熱狂する「神の国」アメリカ』）の「第三章　アメリカカトリックの分裂」で、カトリックの相互扶助団体コロンブス騎士団が、実際に保険会社を経営している詳細について述べた。

このように理念的にもまた実践的にもオバマケアは、多くのアメリカ国民から批判を受けることになった。さらに現実的な問題として次のような指摘がなされている。

オバマケア制度導入のアドバイザーだったマサチューセッツ工科大学（ＭＩＴ）のジョナサン・グルーバー教授が、「オバマケアは増税政策だった」という発言をしていること（二〇一四年一一月にＣＢＳニュースが報道）や、それを裏付けるかのように、この政策に盛り込まれた二一項目の新しい税制度により、結果的に向こう一〇年間で五兆ドルの増税を可能とした。そういった理由から、特に中間層を中心にオバマケアへの反対は加速していったのだ。

オバマケアに悲鳴をあげた中間層は、これ以上の増税は耐えられないとトランプに助けを求めた。保障がしっかりとしている大手グローバル企業や、政府で働いているような人は、中間層であっても切羽詰まってはいない。しかし中間層の大多数であろう中小企業で働く人や個人事業主にとっては、増税は死活問題であった。「明日は貧困層に転落するかもしれない」という不安を抱えながら、毎日働いているという人も沢山いる。

オバマケアの欠陥にメスを入れたのがトランプ前大統領だった。批判が絶えないトランプ政権だったが、オバマケアにはじまり、機能不全を起こしているさまざまな社会の仕組みの改善に対して期待を寄せる国民の声は、実は小さくなかったのだ。

コロナ前まで様々な批判もありながら、オバマケア廃止と共にトランプがとってきた雇用拡大政策が一定の支持を得たのは、こうした中間層の支持にあった。

「福祉も諸刃の剣」と言われるが、つまり福祉がかえって貧困層の数を増やしかねないという格言である。ジョンソン政権のイギリスは福祉国家とは言い難いが、アメリカとは対照的に福祉政策拡充の努力がなされてきた経緯がある。そのプロセスで常に大きな争点となってきたのが、福祉依存型社会は貧困層を作り出しかねない負のスパイラルということだ。

著者はイギリス留学時代に、「サイン・オン」な若者が多くいたことに驚愕していた。「サイン・オン」とは、高校や大学卒業後、定職に就かず失業手当で暮らしている人のことだ。彼らによれば中途半端に就職して安月給をもらうと巨額な税金で（最高四〇％の所得税）かえって貧乏になるので、「サイン・オン」の方がましな暮らしができるというものであった。高齢者ならともかく、学歴も普通にある若者が福祉に依存し、下手すると一生脱却できないというのは驚き以外の何物でもなかった。

アメリカではこうしたイギリスの状況を反面教師に、特に共和党政権では「小さい政府」という考え方が、トランプに至るまで一貫したイデオロギーとしてその政策に反映されている。

実際、トランプ前政権下でのネバダ州のラスベガスには、このような事例がある。麻薬中毒で売人でもあった貧困層の黒人女性が、メガ・チャーチに行って麻薬依存から脱却、またトランプの雇用拡大政策でラスベガスのレストランのキッチンで職を得て、洗い場スタッフからシェフになったというサクセス・ストーリーだ。彼女は自らの労働への対価として収入を得ることの素晴らしさを知った時、麻薬売人をやっていることが馬鹿馬鹿しくなったと発言している。

「労働の尊厳」や「労働者の尊厳」は、実はキリスト教の教えであり、また国家が労働法の制定などによって労働者の権利を守ることの重要性も説いている。プロテスタント的には労働＝神への奉仕＝その対価としての富の形成を、カトリック以上に肯定的に捉えている。労働法などで労働者に対する不当な搾取を抑えることができるなら、必要以上の福祉政策は逆に「労働の尊厳」を奪うことになるという発想であろう。福祉政策そのものは重要であるものの、どのように「労働者の尊厳」を確保するかは、難しい課題なのである。

†「宗教の自由政策」の政治・外交的な意味

「宗教の自由法」は、イスラム教徒のアメリカへの入国制限や、これに続く特にヒスパニックなどのメキシコからの移民への厳しい排斥政策の大統領令、さらにジョンソン修正案廃止案などが下院を通過しなかったことを受けて、より普遍的な枠組みで議会の賛同を得、また国務省との連携を図ることから出てきた。これについては反中国や反トルコ（多数派のイスラム教を抱える諸国）外交にも大きく関わる課題であることから、次章で詳細を述べることにする。

福音派が毛嫌いするイスラム教徒への嫌がらせとも言える、「反テロ」を大義名分としたイスラム教徒入国制限大統領令であったが、興味深いのは、それがやがて反中国外交の文脈で、中国共産党政権が弾圧しているイスラム教徒のウイグル人の擁護の言説へと転換する点である。

筆者がヘリテージ財団での国内の安全保障（セキュリティ）担当の人物へインタビュー

した時は、国内にいるイスラム教徒は九・一一以降サーベイランス（監視）の対象であると述べていた。反中国外交政策が打ち出された現在、その対象は一部の中国人に拡大している可能性がある。

いずれにせよ、反イスラムの言説が反中国にとって代わり、それは中国が宗教弾圧国であることから「宗教の自由法」が根拠となっている。そして、この「宗教」にはイスラム教も含まれることとなったのだ。

†福音派の支持を狙ったエルサレムへのアメリカ大使館移転

続いて、二〇一七年に宣言され、二〇一八年五月に決行されたアメリカ大使館移転政策について取り上げたい。これはイスラエル建国七〇年にあたり、商都テルアビブからエルサレムへと大使館を移転させたもので、二〇一八年の中間選挙と二〇二〇年の大統領選挙をふまえて、福音派の支持を確実なものにする狙いがあったとみられる。しかし、これを理解するには、キリスト教シオニズムと、アメリカの宗教保守ロビーと国務省などとの関係をおさらいしておく必要があろう。

宗教的なキリスト教シオニズムとは、第一章でも述べた一七世紀のイギリスのピューリタンの思想から出てきた終末論のひとつである千年王国論が起源となる。ヨハネの黙示録二〇章で、悪魔と戦い最終的に勝利したキリストは、紀元一〇〇〇年頃に最後の審判を行うと書かれている。千年王国論とは、その前に悔い改めれば救われて天国に行けるという救済神学である。

ここから、終末が来る前に、古代イスラエル王国が存在したパレスティナの地にユダヤ人が帰還できるようにイギリスが支援することで、キリスト教世界が完成するというディスペンセーショナリズム（天啓史論）が誕生した。唱えたのは、一九世紀のイギリス統治下のアイルランドで活躍したジョン・ダービー牧師だった。

人間が神によって最終的に救われるプロセスは、聖書にある神と人間との契約に基づいて七段階に区分され、最終段階の「御国の時代」では、キリストの再臨によって、神の王国がダビデに約束された土地＝イスラエルを取り戻し、この地に建設されると説いている。

つまり旧約聖書に登場する古代イスラエルの王でありユダヤ教の神のダビデをキリスト教徒も信じるので、逆にキリスト教徒のみが救い主（メシア）とみなすキリストをユダヤ教徒も信ずるべきであるという、ユダヤ教とキリスト教の折衷信仰である。これを信じるとキリスト教徒もユダヤ教徒も最終的に救われて天国に行けるが、その地はエルサレムでなくてはならないと主張する。

このディスペンセーショナリズムの聖書解釈によるカルヴァン主義と敬虔主義の折衷の神学が、キリスト教シオニズムとしてイギリスではジョン・ダービーやアントニー・アシュリー・クーパーに受け継がれ、スコットランドやアイルランドを経て、イギリスの植民地やアメリカ合衆国にもたらされ、現在に至るまで独自の発展を遂げる。

すなわちキリスト教シオニズムの思想は、戦間期から戦後にかけて世界の覇権がイギリスからアメリカに移ると共に、アメリカに伝播したと言えるだろう。そういう意味で「イギリス・ファースト」が「アメリカ・ファースト」になったと言えるかも知れない。

そして、ディスペンセーション主義を生み出したジョン・ダービーを師として、キリスト教シオニズムを神学論ではなく、アメリカの政治政策に転換しようとしたのがウィリアム・ブラックストンである。

シカゴで不動産によって財を成し、その財力で政治家に働きかけ、ユダヤ人及びキリスト教徒のパレスティナ帰還を訴えた。彼の一八七八年著作はベストセラーとなり、一八九〇年にはキリスト教徒とユダヤ教の指導者に呼びかけて「イスラエルの過去・現在・未来」という会合を組織し、キリスト教シオニズムを国際的な運動とすることを国務長官や大統領への嘆願書の中で訴えた。今日的な意味での、キリスト教シオニストのロビー活動の走りと言える。

ディスペンセーション主義はキリスト教原理主義的な傾向にあることから、アメリカの保守的福音派に浸透する。旧約聖書のユダヤ人の出エジプト記とカナンの地（約束の地）の征服が、アメリカの建国とその膨張主義的なイデオロギーとも結びついた。

同様の聖書解釈は、テキサス州ダラスの会衆派教会の牧師、サンラス・インガス・スコフィールドが一九〇九年に『スコフィールド注釈付き聖書』を出版すると、一〇年間で一〇〇万部売れ大ベストセラーになり、本書は聖書の解釈マニュアルとして伝道師の間に広まり、特に南部の福音派の間に浸透する。全箇所に注釈が付いたこの聖書では、特にヨハネの黙示録の箇所に、最後の審判から救済に至る終末論のタイム・テーブルを含む詳細な解説が付いている。

†キリスト教シオニズムの拡大とアメリカ政治への影響力

アメリカでは一七三〇年代から繰り返し、英米の歴史に見られる信仰復興の期間があった。イギリスの宗教改革後の信仰復興とは、ヘンリー八世の後任エドワード六世が、一五五二年にノックスの影響を受けたカルヴァン主義的な四二箇条に署名したことであり、プロテスタントの宗教改革が推進された。これをアメリカが引き継ぎ、それが第一次〜四次の大覚醒として展開する。

・第一次大覚醒（一七三〇〜五〇年代）
・第二次大覚醒（一八〇〇〜三〇年代）
・第三次大覚醒（一八八〇〜〇〇年代）
・第四次大覚醒（一九六〇〜七〇年代）

これら大覚醒のプロセスで、福音派やキリスト教根本主義的で保守的なキリスト教会が教勢を伸ばし、最も伝統的なキリスト教団体である南部バプティスト連盟とミズーリ・ルーテル教会が急成長した。このことはアメリカ各地でメガ・チャーチが建設されることにつながり、八〇年代以降はメガ・チャーチが急成長をとげる。中絶や同性愛をアメリカの世俗主義と見なし、保守的なキリスト教会が対決姿勢を取る傾向を強めた。

七〇年代は、七三年に中絶裁判で「ロー対ウエイド判決」が出たことで、これに対する反発から大覚醒運動が盛り上がりを見せた。

外交的には第四次大覚醒（一九六〇～七〇年代）と、イスラエルがアラブ諸国に勝利した第三次中東戦争の時期が被ったことで、キリスト教シオニズムに拍車がかかったとされる。

一九六七年六月五日～六月一〇日の六日戦争によってイスラエルは、エルサレム、ヨルダン川西側、ガザ、ゴラン高原、シナイ半島を管理下に置くこととなった。敵であるアラブ諸国に包囲されながら、小国イスラエルの本戦闘での勝利は神の奇跡であり、聖書の預言を実行し、ユダヤ人国家イスラエルは土地をさらに拡大すべきであるという考えが、アメリカの福音派の間で高まっていくのである。

プロテスタントの福音主義者たちは、イスラエル支援のための資金援助を行い、イスラエルの聖地エルサレムを訪問するなど、福音派のキリスト教巡礼の旅を組織するようになった。

テキサス州にあるメガ・チャーチの一つ、聖アントニオのコーナーストーン教会の牧師、ジョン・ヘイギーはキリスト教右派からキリスト教シオニストとなり、八一年から始めた「イスラエルに敬意を払う夕べ」という組織は、やがて二〇〇六年に「イスラエルのために団結するクリスチャン（CUFI）」へ発展した。「モラル・マジョリティ」の設立者ジェフリー・ファルウェルや、「クリスチャン連合」のパット・ロバートソンなど、類似の宗教から政治への組織力が見られる。

ヘイギーのキリスト教シオニズムは宗教にとどまらず、パレスティナのイスラム・テロリストとの徹底抗戦、イランの核開発の阻止への武力投入など、アメリカの中東への軍事介入を奨励していた。聖書のゼカリヤ書の第一三章八節を引用し、ハルマゲドンの戦いの末、三分の二のユダヤ人が死亡し、生き残った三分の一がキリスト教に改宗するだろうと主張している。

キリスト教徒がイスラエルを支持する理由は五つあり、①イスラエルは神によって与えられた唯一の国、②キリスト教の母体はユダヤ教、③イエスはユダヤの王として磔刑に処せられ、④イスラエルを支持するクリスチャンには神から祝福がある、⑤ユダヤ人を虐待するクリスチャンには神の裁きが下るというものである。

狂信的にも見える聖書への原理主義的な解釈であるが、ヘイギーが設立したCUFIが連邦議会などのワシントンの政界と太いつながりを持ち、彼がアメリカ最大のイスラエル・ロビー、「アメリカ・イスラエル広報委員会（AIPAC）」に招かれ、二〇一二〜一三年に「キリスト教シオニストが目覚めて、五〇〇〇万人のクリスチャンがイスラエルのために立ち上がるであろう」と演説している。

実際、アメリカの対イスラエル政策を決定する上で同組織が多大な影響力があることは、トランプ政権を含む歴代の共和党政権の対中東政策を見てもよく分かる。ＡＩＰＡＣ大会は、実は共和党だけでなく、民主党の議員も参加することで知られており、キリスト教シオニズムが決してキリスト教福音派や原理主義者の狂信的な信仰にとどまらない、アメリカの政治・外交に広く影響があることを示している。

一九八三年には、「クリスチャンとユダヤ人の国際フェローシップ（ＪＦＣＪ）」という組織が設立された。これには、ユダヤ教徒とキリスト教徒の二〇〇〇年間の確執を解消するという目的があった。ヨーロッパの長い歴史の中で培われてきたユダヤ人に対する根深い差別に比べると、アメリカのキリスト教徒が持つユダヤ人への偏見は少ないとされるが、差別意識が皆無なわけではなかったからだ。

ＪＦＣＪは世界各地のユダヤ人をイスラエルに移住させるための支援を呼びかけ、これは旧約聖書イザヤ書第一一章一二節に書かれていることを根拠とする、というものである。九一年にソ連が崩壊すると、旧ソ連からのユダヤ系流出に伴っての彼らの救済や医療補助、そしてテロ被害者への支援などを訴えている。

このJFCJは二〇〇二年に、宗教右派の代表的な組織「クリスチャン連合」の事務局長であったラルフ・リードも創立者として名を連ね、「イスラエルのために立ち上がれ(SFI)」という下部組織も創られた。SFIは、毎年「イスラエルのための国際的祈りの日」を設定して、世界中のクリスチャンがイスラエルの平和のために祈る日としている。この集会は年々参加者が増大し、〇七年には世界五三カ国に広がり、イスラエル首相やアメリカのイスラエル大使など、アメリカ内だけでなく世界のイスラエル・ロビーにとって重要な役割を果たしている。

†対中東政策に影響力を与える団体「AIPAC」

現在のキリスト教シオニストの活動を具体的に見ていく。

AIPACは、一九五三年にカナダ生まれのジャーナリスト、シー・ケネンが、複数のユダヤ人グループより資金を得て設立した「公共問題に関するアメリカ・シオニスト委員会(The American Zionist Committee for Public Affairs)」を前身として設立した。AIPACのホームページによると、今日では全米五〇州に一〇万人の会員を数えており、またイギリスの経済誌『エコノミスト』によると、ＡＩＰＡＣの年間予算は五〇〇〇万ドルに上るという。

日本ではあまり知られていないが、ＡＩＰＡＣの影響力は絶大である。ＡＩＰＡＣは、キリスト教シオニズムを支持するキリスト教福音派やキリスト教保守だけが支持するわけでもなく、単なるユダヤ人組織でもない。共和党の議員だけでなく、ペロシなどの民主党の議員も必ず参加するほど重要な組織である。トランプやペンスはもちろん、バイデンも参加している。

それを証拠にバイデンは、大統領選出馬で対中東政策について聞かれると、イスラエルを支持し、パレスティナの独立を支持しないと表明した。つまり対中東政策については、強弱の差はあれ、共和党だろうが民主党だろうが根本的に大きな違いはないというのが、アメリカの対中東外交を理解する上で重要な点である。

あえて言うなら、唯一の例外がオバマであり、彼はイスラエルに批判的な数少ない大統領の一人だった。しかし彼がイスラエルに対して厳しい態度を取った一方、シリアでの化学兵器使用への黙認や、イスラム国の本格的な台頭を許すなど弱腰であった点も否めない。

へイギーは二〇一四年夏のイスラエル軍のガザ地区での暴走を称賛し、また二〇一五年に入ってからは任期が残すところ二年となったオバマ大統領の立場が弱まっていることからも、暴挙に走るイスラエルに批判的な態度を「オバマは反ユダヤ主義」と糾弾している。さらに二〇一五年三月のイスラエル首相ナタニアフが、アメリカ議会でオバマを批判する演説を行った。親イスラエル政策をとってきたアメリカにおいても異例なことであった。

†イスラム系過激組織を脅威とするキリスト教シオニスト

それではイスラム国が引き起こした二〇一五年のパリでのテロ事件や、日本人や欧米人人質の処刑、コプト教徒などのエジプトのキリスト教徒のリビアでの虐殺やその他の殺戮行為について、アメリカのキリスト教シオニストはどう反応しているのであろうか。

彼らは、イスラム国の存在を、「九・一一」を引き起こしたアルカイダや、アフガニスタンのタリバン、またパレスティナのヒスボラやハマスと差別化することなく、これらイスラム教系の急進的あるいは過激組織をすべて、ユダヤ人とキリスト教徒の最大の脅威としている。そのため、ユダヤ人とキリスト教徒のますますの連帯とその強化を訴えている。

アメリカのキリスト教原理主義者の右派は、「九・一一」以降、コーランを焼いたりするなど、イスラム教徒に対して挑発的な言動が多い。その中にはキリスト教シオニストが少なくないため、イスラム国に対してもひき続き徹底抗戦を訴えており、イスラエル・パレスティナ紛争でますます多くの犠牲者を出すことになると予想していた。

また長い間対立関係にあったアメリカとイランの間に核問題について同意が締結され、これはオバマ外交の功績であったため、ヘイギーのCUFIはイランに騙されてはいけないと、この和平協定を妨害しようと圧力をかけていた。

二〇一四年八月のガザでのイスラエル軍の攻撃が数週間にわたって行われた時にも、CUFIは総会を開いた。四〇〇〇人ものパレスティナ人の死者が出た過去最悪の犠牲者を生んだ攻撃だが、これをあたかも祝うかのような異様な集会であった。会場は四八〇〇人のキリスト教シオニストとユダヤ人で埋め尽くされ、オバマ政権が意図するハマスとの休戦協定を阻止する構えだった。

主賓には、マードック所有の保守系のFOXニュースのコメンテーターであったビル・クリストル、CIA元長官のジェームズ・ウールジー、外交問題評議会のエリオット・エイブラムズなどの保守や右派の人物が招かれ、ヘイギー自らが演説を行った。

ハマスがイスラエルに対して一〇〇〇発のロケット弾を発射したこと、これで多くのイスラエル人の犠牲が出る可能性があること、だから我々はイスラエルへの自制を促すアメリカ政府に圧力をかける使命があると訴えた。それを聖書の創世記の一節「あなたを祝福する者を私は祝福し、あなたを呪う者を私は呪う」を引用して、これを神が外交政策について語った言葉だと述べた。

二〇一四年八月のCUFI総会では、共和党の高額献金者であるユダヤ人のシェルドン・エーデルソン夫妻にヘイギーが特別賞を付与し、夫妻はCUFIとその活動に感謝を述べていた。会場にはテッド・クルーズ上院議員も参列、オバマ政権の弱腰の対中東政策とハマスの残虐さを強調し、またイスラエル軍の予備兵であるベンヤミン・アンソニー軍曹はハマスの徹底漸滅を呼びかけて、拍手喝采となった。神の加護を受けた二つの国、アメリカとイスラエルがまさに聖戦を戦っているのだと主張したのである。

†エルサレムへの大使館移転の国内外での政治的評価

このようにエルサレムへの大使館移転は、実際のところトランプに特殊な政策ではないが、結果的に多くのアメリカ国民の支持を得る結果となった。以前からも何度も議論され、民主党政権下でも実行される可能性はあったものの、パレスティナ側の反発を考えて決行されなかった。

これに対してトランプは、福音派だけでなく大多数の国民に支持される政策として実行に移したのである。エルサレムを国際統治とする国連の決議と対立することになり、多国間協調外交の無視と言われたが、国内政治的には成果の一つとなった。

筆者は、二〇二〇年二月六日に行われた「全米祈りの朝食会（National Prayer Breakfast）」のサイド・イベントに参加する機会に恵まれ、そのことを強く感じた。「全米祈りの朝食会」とは、上院と国務省が主催し、大統領や副大統領及びに党派を問わず議員を主賓とし、主にキリスト教国の首脳が招待される大会であり、毎年開催される宗教的な政治・外交イベントだ。その起源は戦前にあるが、正式な第一回目は一九五三年にアイゼンハワー大統領の下に行われ、カリスマ中のカリスマ、ビリー・グラハム牧師を招待し話題になった。

二〇二〇年は第六八回にあたり、ペロシら民主党議員や特別ゲストのスピーチ、そして最後にトランプの演説で締めくくられた。これらスピーチの大半には聖書の引用があり、聖書を解さないとその意味を理解し難い内容であった。そうしたこともあり、日本ではほとんど知られていないが、その政治的な意義は小さくない。

トランプの演説では、「宗教の自由法」を国内で通過させたこと、またイスラム教徒が主流のパキスタンやイランで人権弾圧にあっているキリスト教徒や、中国共産党政権に弾圧されているウイグル人のイスラム教徒などを例に、国連でも国際的に本法案をアピールしたことなどが語られた。さらに当然ながら大統領選も意識していた彼は、「宗教の自由」政策にここまで真剣に取り組んだ大統領は、歴代初であることを強調した。特別ゲストはカトリック保守で、一九年まで「アメリカ企業財団」の所長だったアーサー・ブルックスであった。この演説は、YouTube（https://www.youtube.com/watch?v=eWjjd-11hio）でも見ることができる。

筆者が参加したサイド・イベントの方が、エルサレム移転問題については核心をついた内容であった。トランプ政権下で、エルサレムがイスラエルの首都となりアメリカ大使館が移転したことを受けて、「キリスト生誕教会」の修復事業を行う米「ベツレヘム・プロジェクト財団」主催のイベントであり、ワシントンの聖書博物館のイベント・ルームで開催された。

このキリスト生誕教会のあるベツレヘムは、イスラエルではなくパレスティナの領土である。パレスティナ側の代表やキリスト教徒のパレスティナ人などを中心として、ベツレヘム・プロジェクト財団の関係者や、トランプ政権の下で本プロジェクトをサポートする省庁の人物などが出席していた。

ベツレヘム・プロジェクト財団はNGOであるため、ファンド・レイズ（資金集め）の目的もあり、またパレスティナのキリスト教徒や文化遺産を保護する活動の紹介など、トランプのかかげる「宗教の自由」に見あったものであった。

筆者はアメリカ経由でアポを取りつけ、三月にイスラエルを訪れ、エルサレムとベツレヘム訪問予定だったが、コロナ感染症に阻まれたのは残念であった。

むろん、二〇二〇年九月までにアメリカはイスラエルとアラブ首長国連邦（UAE）やバーレーンとの国交正常化の仲介役を果たすなど成果もあげたことを考えると、エルサレムへの移転は外交的成果につながったと見てもいいだろう。

バイデン政権でも、イスラエル贔屓外交が大きく変わるとは考えにくい。バイデン新政権でのブリンケン国務長官やサリバン安保補佐官が言われているが、イラン核合意に復帰するかどうかも分からない。

†保守とリベラルが拮抗する最高裁判所判事の指名

大統領令の他に、トランプが行った重要な政策としては、最高裁判所の三人の保守系の判事の任命があった。

すでに述べた通り、アメリカでは司法が大きな影響力を持ちその政治的な役割が重要である。州ごとの裁判所の数も多く、「弁護士の国」と言われるゆえんである。その司法の最高峰である米最高裁判所の判事八人と長官一人の合計九人については、政治的な問題とあいまって保守かリベラルの人数バランスが、メディアでも取り沙汰される。

すでに述べた中絶裁判や移民規制をめぐる裁判は、まず州裁判所で争われ、最終的に最高裁判での判決に持ち越される場合がほとんどである。そして最高裁の判決はほぼ絶対であり、再訴などでひっくり返る可能性は低い。判事は実質上終身制（本人が死去または自ら引退するまでその地位を保証され、弾劾裁判以外の理由では解任されることはない）であり、それだけに大きな権限を持つことになる。

最高裁長官と陪席判事（裁判官）は、大統領が指名し任命するが、任命には上院による助言と同意が規定されている。そうしたことから、民主党の大統領下ではリベラル、共和党の大統領下では保守の判事が任命される傾向にあり、そうした意味でも「政治化」していると言える。二〇一六年二月にアントニン・スカリア判事が死去し、オバマ大統領はスカリア判事の後任候補を指名したが、共和党派の上院議員らの反対にあい挫折したことで、トランプ前政権に持ち越された。

スカリア判事は、カトリック保守を代表する判事であり、中絶反対派で知られる。トランプは彼の功績を称えて、ラシュモア山国立記念公園の四人の偉大な大統領像群（ジョージ・ワシントン、トーマス・ジェファーソン、セオドア・ルーズベルトとエイブラハム・リンカーン）に加えて、この国立記念公園内に新たに「アメリカの英雄たち」像群の建設を二〇二〇年七月に決定し、ここにスカリア像を加えると発表した。判事の地位で、二〇一六年まで生存していた人物が、ラシュモア山の像になるのは異例であろう。

スカリア判事はイタリア系アメリカ人で、同僚のサミュエル・アリートもイタリア系アメリカ人のカトリックだが、双方とも保守である。アメリカでカトリックは戦後まではプロテスタント多数派ゆえの差別を受けたので、マイノリティとして民主党支持であった。しかし一九六一年のケネディ大統領就任前後から、カトリックはケネディの民主党支持と、保守派の共和党支持に分裂したのである。

これには第二バチカン公会議というカトリック教会の改革（一部のリベラル化）への反対派と賛成派の分裂やアメリカ・カトリック教徒の社会的地位の上昇が関係していた。特にスカリア判事は、第二バチカン公会議での改革に反対する保守の中の保守であり、中絶問題についてはもちろん反対の立場だった。
そうした評判であり、判事の中でも存在感も大きかったスカリア判事の後任は、共和党としては保守の判事の任命を望んでいた。オバマ政権下ではリベラル派が指名される可能性が高いことから、これを阻止したのである。つまり曰くつきの人事となり、それだけにメディアの注目も凄まじいものであった。

以下は現在の九人の最高裁判所の長官のリストである。性別や年齢、人種背景や、出身地、指名した大統領、そして指名された時の上院の賛成と反対の投票数、就任した年とその時の年齢、そして在任期間、保守かリベラルかを記した。

最高裁判事　性別　年齢　人種背景　出身地　指名した大統領　賛成と反対の投票数
上院投票就任日（就任時年齢）　在任年　判断傾向

①**クラレンス・トーマス**（Clarence Thomas）男性　七二歳　アフリカ系
ジョージア州ピンポイント／ジョージ・H・W・ブッシュ〈賛成　五二・反対　四八〉
一九九一年一〇月二三日（四三歳）二九年目／保守

②**スティーブン・ブライヤー**（Stephen Breyer）男性　八一歳　ユダヤ系
カリフォルニア州サンフランシスコ／ビル・クリントン〈賛成　八七・反対　九〉
一九九四年八月三日（五六歳）　二六年目／リベラル

③**ジョン・ロバーツ長官**（John Roberts）男性　六五歳　白人系
ニューヨーク州バッファロー／ジョージ・W・ブッシュ〈賛成　七八・反対　二二〉
二〇〇五年九月二九日（五〇歳）　一五年目／保守

④**サミュエル・アリート**（Samuel Alito）男性　七〇歳　イタリア系
ニュージャージー州トレントン／ジョージ・W・ブッシュ〈賛成　五八・反対　四二〉
二〇〇六年一月三一日（五五歳）　一五年目／保守

⑤**ソニア・ソトマイヨール**（Sonia Sotomayor）女性　六六歳　ラテン系
ニューヨーク州ニューヨーク／バラク・オバマ〈賛成　六八・反対　三一〉
二〇〇九年八月八日（五五歳）　一一年目／リベラル

⑥**エレナ・ケイガン**（Elena Kagan）女性　六〇歳　ユダヤ系
ニューヨーク州ニューヨーク／バラク・オバマ〈賛成　六三・反対　三七〉
二〇一〇年八月七日（五〇歳）　一〇年目／リベラル

⑦**ニール・ゴーサッチ**（Neil Gorsuch）男性　五二歳　白人系
コロラド州デンバー／ドナルド・トランプ〈賛成　五四・反対　四五〉
二〇一七年四月一〇日（四九歳）　四年目／保守

⑧**ブレット・カバノー**（Brett Kavanaugh）男性　五五歳　白人系
ワシントンDC／ドナルド・トランプ〈賛成　五〇・反対　四八〉
二〇一八年一〇月六日（五三歳）　二年目／保守

⑨**エイミー・コニー・バレット**（Amy Coney Barrett）女性　四八歳　白人
ルイジアナ州ニューオーリンズ／ドナルド・トランプ〈賛成　五二・反対　四八〉
二〇二〇年一〇月二七日（四八歳）　一年目／保守

二〇一七年一月に就任したトランプ前大統領は、スカリア判事の後任候補として、保守派のニール・ゴーサッチを指名した。同年四月七日に上院の同意を得るまで、合衆国最高裁判所の判事の席は約一年二カ月にわたって一人空席の状態が続いていた。

判事は、かつては白人の男性のみだったが、一九六七年、初めてのアフリカ系のサーグッド・マーシャルが任命された。さらに一九八一年、初めての女性のサンドラ・デイ・オコナーが任命され、二〇一〇年、エレナ・ケイガンが任命された。九名の判事のうちカトリック教徒は六名、残りの三名はユダヤ教徒で、二〇一七年にプロテスタントのニール・ゴーサッチ（カトリックとして育ったが改宗）が任命されるまではプロテスタント教徒は一人もいなかった。

二〇二〇年五月の時点で最高裁の裁判官は、五人の保守派と四人のリベラル派に分類されている。保守派と見なされるのはいずれも共和党の大統領によって指名されたロバーツ長官、トーマス、アリート、ゴーサッチ、カバノーの五判事、リベラル派と見なされるのはいずれも民主党の大統領によって指名されたギンズバーグ、ブライヤー、ソトマイヨール、ケイガンの四判事である。

二〇一八年七月末まで務めていたケネディ判事は、共和党の大統領によって指名されたにもかかわらず、事件によって保守寄り・リベラル寄り双方の判断を下しており、中間派と見なされていた。そのため、保守対リベラルで激しく対立する事件においては、このケネディ判事の票が判決を左右する決定票となることが多々あった。

中間派であったケネディ判事の引退後は、保守派のカバノー判事が任命され、彼の任命をめぐっては、彼の過去のセクハラ問題などが取り沙汰され、メディアを騒がせた。二〇一八年七月九日、ブレット・カバノーをトランプが指名、しかしその後、カバノーに高校生時代の性的暴行疑惑が持ち上がり、野党・民主党が追及した。就任に過半数の賛成が必要な上院では与野党の議席数が拮抗していたため承認が危ぶまれる事態となり、調査のため採決を一週間遅らせた。一〇月七日に「賛成五〇、反対四八」の賛成多数だが僅差で承認され就任した。これをめぐっては、トランプへの批判も巻き起こったが、トランプは強行する姿勢で臨み、勝利するかっこうになった。

この裁決が行われるまでは、CNNなどの特にリベラル系を中心にカバノーへの非難が連日報道された。最高裁判所の判事は終身制であり、これだけ特権的な地位となると、こうした問題が取り沙汰されても無理はない。そして大騒ぎでの任命であり、スカリア判事の後任となったゴーサッチに続き、カバノーも保守であることから、就任当時のメディアではトランプは保守勢力を高めたと盛んに報道していた。

日経新聞も、最高裁は以前よりも保守派の勢力が強化されることとなった、と報道した。しかし、カバノー判事の就任後は、ロバーツ長官がケネディ判事の役割を引き継ぎ、事件によってはリベラル寄りの判断を下す場合も見られている。またカバノー自身がリベラルに振れる判断を下す場合がないわけでもない。

映画『RBG　最強の85才』ポスター

映画『ビリーブ』ポスター

さらに、二〇二〇年一〇月には、女性裁判官として長年活躍していたユダヤ系のギンズバーグ判事が亡くなった。昨今、彼女を題材とした映画『ビリーブ』やドキュメンタリー『RBG　最強の85才』が上映されて話題となっており、リベラル派の若者に強く支持されていた。トランプは、ギンズバーグの死去を受けて保守派のバレット判事を指名した。第二章でも述べているが、これで判事九人のうち六人が保守派となり、共和党が進める保守政策に有利にはたらくことが予想される。

最後にロバーツ最高裁裁判長官について少し言及しておこう。彼もカトリック教徒で、ジョージ・W・ブッシュ大統領政権下、二〇〇五年七月に最高裁判所判事に指名された。

その二カ月後、当時の長官ウィリアム・レンキストが死去したため、ブッシュ大統領は九月に、ロバーツを改めて長官として指名した。上院司法委員会での承認を経て、上院は九月下旬、七八対二二でロバーツの指名を承認した。同日ロバーツは最高裁判事ジョン・ポール・スティーブンスの前で宣誓を行い、合衆国最高裁判所長官に就任した。就任時点で五〇歳であり、過去三番目に若い長官となった。

ロバーツは穏健な保守であり、判決では事件ごとに慎重な判断を行い、先例を尊重し、新しい包括的な規範を定立《ていりつ》することを避ける傾向にあると評価されている。しかし連邦控訴裁判所判事としての経験不足から、憲法問題に対する見解は不明確という批判もある。二〇二〇年以降、保守派判事五人、リベラル派判事四人という拮抗した最高裁の状況で、キャスティングボートを握る役割を果たしている。保守派でいながら、ロバーツの判決が多数意見となる頻度は上がっている。

第五章

世界の宗教リーダーを目指すアメリカ「宗教の自由」外交

†国際協調を重視しないトランプの唯一の連携は「宗教」

本章では、トランプが率いてきたアメリカ外交政策と宗教について述べていく。というのも、トランプ前政権にとって外交の一つの軸は「宗教の自由」であったといっても過言ではないからだ。そして、それは宗教ナショナリズムと切り離せない。

コロナ感染症をめぐるWHOからの脱退や、他の国連関連の環境合意であるCOP(パリ合意)や、対イラン核合意(IAEAなどとの協調)からの離脱、そしてエルサレムへの米大使館移転による国際法違反や無視に始まり、トランプ政権は国際機関に対してはたびたび反旗をひるがえしていた。国際機関を通じた多国間(協調)外交を軽視もしくは、無視する傾向にある外交は、あくまで二国間交渉を中心とし、多国間協調の順位付けは低かった。

トランプ政権が重視した数少ない国際協調政策として、多国間の協力による中国封じ込め政策があった。コロナ問題でこれをめぐりWHOから脱退したことで、残るは経済と宗教の分野での活動となっていた。経済や貿易については後述するが、ここでは国連で提示された「宗教・信教の自由促進会合」について詳細を見ていく。

†外交政策としての「国際的宗教の自由法」の起源

外交政策としての「国際的宗教の自由法」の起源は、実は一九九七年のビル・クリントン大統領政権期に遡り、コソボ紛争により激しい民族・宗教紛争が起こったことに発端がある。翌九八年に実際に「国際的宗教の自由法、International Religious Freedom Act（IRFA）」は上院で議論され通過し、そして下院も通過して法として成立に至った。

この法案がコソボ紛争に起源があるとするなら、アメリカの外交政策で議論される「対外介入主義」の始まりとも言えるだろう。この時期は「人道的介入」という表現が使われるようになり、国際関係学研究においても、こうしたアメリカ及び国連が主体となる「人道的な介入」が盛んに議論され、肯定的に捉えられる時代が到来した。もちろんこれ以前にも存在したが、こうした行為が本格化したと言える。厳密には国連のPKOの介入が軍事的に失敗すると、NATO軍による「人道的な介入」が実行されることになった。

かつてのアメリカの対外介入は冷戦構造に支配されていたが、冷戦後は「人権」を基軸に外交を展開し、ますますその国際的なプレゼンスを増大させていった。人権外交の起源は、カーター大統領にある。

アメリカの外交は、しばしば「孤立主義」対「介入主義」で議論される。九・一一後のアフガニスタンとイラクへの介入で疲弊したアメリカは、オバマ以降「孤立主義」に移行し、それはトランプ政権で決定的になり、そこから「アメリカ・ファースト」が出てきたと論じられる。

確かにイラク問題から、国連の安保理の賛同を得ないなどの多国間協調外交が低迷し、特にトランプ政権では単独外交、もしくは二国間外交が支配的になったのは事実である。だからと言って「介入主義」が無くなったわけではなく、武力介入は下火になったものの、「国際的宗教の自由法」を通じて「介入主義」的マインドの外交は健在と思われる。

武力を伴おうとも伴わなくとも、こうした「人道的介入」にはキリスト教的な発想が見え隠れするのである。アメリカの民主主義や「自由」、とりわけ人道という概念は、キリスト教的な理念が起源となっている。ブッシュ・ジュニア期からオバマを経てトランプ政権前半まで、キリスト教対イスラム教全般の「聖戦（正戦）」だった。

しかしイスラム国を倒した（バグダーディー容疑者の暗殺や消掃作戦による）と自負するトランプ政権にとって、もはやイスラム教全般は敵でなくなった。現在はイランのシーア派独裁のイスラム教だけを敵とし、最大の敵は宗教を信じず宗教を弾圧する最大の勢力、共産主義体制の中国なのである。中国及びミャンマーの文脈で弾圧される側に回ったウイグルやロヒンギャのイスラム教徒がおり、アメリカはこれらイスラム教徒の味方となり、彼らを保護する責任を負っているという立場に転換していった。

†国連で世界に向けて宗教迫害を批判

アメリカ国務省のブラウンバック全権宗教大使は一九年九月二二日午後、国連のあるニューヨークで記者会見し、アメリカ政府は世界各地で起きている宗教迫害に対抗し、宗教・信教の自由擁護を推進していく方針を示した。

トランプは同日午前、国連本部で開催された宗教・信教の自由擁護に関する国際会議に出席し「アメリカは信教の自由を求める人々とともにある」と述べた。

さらに、翌日の九月二三日にトランプは国連で次のように述べた。「国連で宗教・信教の自由会議を主宰する最初の米大統領になったことは、本当に光栄だ」とし、アメリカの国務省内にはクリントン政権以来、「宗教・信教の自由委員会」は存在したものの、それを国際機関の国連でアジェンダにした初めての大統領だと強調したのである。

そして「私たちの建国者は、宗教と信仰を追随する権利ほど、平和と繁栄と道徳のある社会にとって根本的なものはない」とアメリカの建国の精神であるキリスト教、特に一七世紀にイギリスで宗教迫害を受けてアメリカにたどり着いたピューリタンの精神について言及した。二一世紀の現在も宗教迫害は世界で後を絶たないことから、国際機関もこれを阻止する理念を掲げる重要性について強調したのである。

世界人口の約八〇%が、宗教の自由が脅威に晒され、制限され、あるいは禁止されている国に住んでいるという。「八〇%という数字は、最初間違いだと思ったが、スタッフに再確認させたが、誤りではなく、全く信じられないことにこの数字は事実である」とトランプは聴衆の注意を促した。

「今日、アメリカ合衆国は明確な声でそれらの国に宗教的迫害を終わらせるよう呼びかけている。大統領として、宗教の自由を守ることは私の最優先事項の一つなのだ」と述べた。

このスピーチは、他の欧米諸国を驚かせ、メディアはパリ合意などの地球温暖化問題から離脱したにもかかわらず、「なぜこのタイミングで宗教なのか」と報じた。

†対中国強硬外交は、「宗教の自由外交」のため

トランプは同じ演説で、二〇一九年七月に宗教的迫害を受けた生存者数十人と面会した

ことを明らかにした。その中には、ウイグル族のイルハム（Jewher Ilham）さん、法輪功の信者、張玉華（Yuhua Zhang）さん、チベット仏教信者のナイマ・ラモ（Nyima Lhamo）さん、そしてキリスト教徒の欧陽曼平（Manping Ouyang）さんが含まれていた。彼らは宗教的信念を堅持しているだけで、自国政府によって監禁され、制裁され、拷問され、殺害されることもしばしばあると説明した。

「彼らの多くは今日ここに来ている」とトランプは言い、「いかなる場合であれ、アメリカは永遠に各地の被害者のために声を上げるだろう。どこに行ってもアメリカはあなたのために居場所を用意している」と強調したのである。

こうした「宗教の自由」なり「信教の自由」の言説は、香港問題も手伝って、アメリカと中国の外交的な対峙と化していく。香港で続いていた民主化運動家によるデモは、二〇一九年「逃亡犯条例改正案」への反対が発端にあった。その参加人数は、警察発表によると最大約三三・八万人で、一九九七年の香港返還以降で最大のもので、香港市民の四人に一人以上が参加したことになる。

二〇二〇年四月一五日までに八〇〇一人が逮捕され、二〇二〇年八月一〇日、民主活動家の周庭（アグネス・チョウ）氏や、香港の民主派メディアグループ「壱伝媒（ネクスト・デジタル、Next Digital）」の創業者、黎智英（ジミー・ライ）氏など二三歳から七二歳までの男女一〇人が香港国家安全維持法に違反した疑いで逮捕された。これに対し、ポンペイオ国務長官は「深い憂慮」とコメントし、EU報道官は「香港国家安全維持法が表現と報道の自由を抑えつけるために用いられている」と非難した。

実はこうした一連の香港での民主化運動家たちによる、「逃亡犯条例改正案」などに反対するデモには、多くのキリスト教徒が参加していた。実際にデモの最中に讃美歌を皆で歌う場面も多くあった。そうしたことから香港のデモと、宗教の自由、つまり香港の民主化運動家が共産党政府に大量に逮捕されることは、当局によるキリスト教という宗教への弾圧とつながるからである。それに加えてすでに知られている、ウイグル人のイスラム教徒、チベット人の仏教徒と、そしてあらゆる宗教が中国共産党政権に弾圧されている実態を訴えたことも意味した。

†「国際的宗教・信教の自由促進行政命令」に署名

こうした中国での宗教弾圧を踏まえて、トランプは、二〇二〇年六月二日、「国際的宗教・信教の自由促進行政命令」に署名した。同命令は、信教の自由を「道徳的かつ国家安全保障上の必須事項」と呼び、「アメリカの外交政策上の優先事項」と宣言したのである。

従来、宗教政策とは、主に中東やアフガニスタン等の中央アジア、もしくは欧米で起きるイスラム教徒過激派によるテロ問題などが、国家安全保障の問題として捉えられてきた。しかしトランプ政権になると、シリア内戦への効果的なミサイル介入やイスラム国のリーダー、バグダーディー容疑者の暗殺、イランとはソレイマニ司令官殺害によって開戦寸前での寸止めとなる危機にも直面した。このようにアメリカにとっての外交上の宗教問題と言えば、イスラム教を国教、あるいは多数派として有する諸国と対立しかねない外交関係が中心であった。

しかしここにきて、宗教を弾圧する国、中国の存在が、国家安全保障上の最大の脅威として出てきており、宗教をめぐる外交に大きな転換が起きてきたと言えるだろう。

トランプは、「国際的宗教・信教の自由行政命令」をアメリカの外交政策に取り入れるように求め、国務長官は、アメリカの「特別懸念国」に駐在する大使に指示し、包括的な行動計画を策定するよう、各国政府に信教の自由の改善を促すことが決められた。

同命令には、国務長官はすべての対外業務に従事する国務省の公務員に対して、国際的な信教の自由に関する育成訓練を行わなければならない、命令が署名されてから九〇日以内に、すべての海外派遣を担当する部門の責任者は大統領に計画を提出し、海外駐在員が赴任する前、上述した育成訓練をいかにして実施したかについて説明をしなければならない、などが記載されている。

国務省やその下部組織、アメリカ国際開発庁（ＵＳＡＩＤ）との契約関係にある、宗教の自由のグローバルな推進を掲げるＮＧＯが多数ある。筆者は、その中の一つキリスト教系のグローバル・エンゲージメント研究所（ＩＧＥ）の幹部、ジェームズ・チン（台湾系アメリカ人）にインタビューを行ったことがある。このＮＧＯは主にベトナムや、中央アジアのカザフスタンなどの諸国で活動し、一定の成果を上げている。

アメリカは、ベトナム戦争への介入による泥沼化からの撤退以降、ベトナムとの関係改善には多くの時間と努力を要していたが、ようやく近年改善の兆しがある。ＩＧＥは、両国の関係改善に二五年間取り組んできており、その貢献は無視できない。

しかし、ここ五年ほどは、中国がベトナムやカザフスタン等の諸国に軍事・経済的な侵略行為を行っており、また関係が悪化している。だからこそ、ＩＧＥのようなＮＧＯの活動資金の確保のために国務省と財務相が協力することが重要なのである。

また財部長官が国家安全保障問題担当の大統領補佐官と協議し、重大な人権侵害を行った国に対する制裁措置、特に経済的な制裁を検討するよう求める動きがある。これらを執行する命令は、トランプが九月の国連総会で世界の指導者に向けて演説した「宗教的迫害を終わらせる」という演説に基づいており、アメリカが国務省を中心に「宗教の自由」外交を実際に機能させていることが分かる。

✝中国の法輪功信者に対する迫害

国務省内に設立された、米政府機関・国際宗教・信教の自由委員会（USCIRF）は二〇年以上前から、中国を「特別懸念国」として年次報告書で指摘していた。アメリカは、中国が新疆《しんきょう》ウイグル族を含む一〇〇万人以上の民族ムスリムを拘束し、またキリスト教や仏教などの他の宗教団体を全国的に弾圧していることを非難し、またカルトとされる法輪功を含む信仰者に対して強制臓器摘出などを行っていると激しく非難している。

筆者は、国務省主催の同省内で二〇一九年七月に開催された「国際的宗教の自由大会」で、この法輪功の代表者に会う機会があった。彼らは、信者たちが不当に逮捕され起訴され、その臓器を強制摘出されているという内容のパンフレットを準備しており、出席者に配っていた。

この大会はブラウンバック全権宗教大使がホスト役であったが、中国の法輪功の代表団は、長い間大使を独占し真剣な議論をし、他の宗教団体の代表も寄せ付けない雰囲気であった。この時の強烈な印象は忘れることができない。こうした熱心な働きかけが功を奏して、国務省はその後、本格的に調査に乗り出すことになる。

また同じ大会には、亡命ウイグル人の代表団も来ていた。ある保守系シンクタンクの宗教専門家によると、ウイグル人イスラム・ロビーはアメリカで政府に対するプレッシャーをかけることに最も成功している宗教団体であると言っている。実際にトランプが国際的宗教の自由行政命令に署名する前、アメリカ議会が党派を超えて全会一致で可決した「ウイグル人権政策法」が大統領に手渡されたという経緯がある。

これらのプロジェクトには、信仰によって侵害された個人や団体に対する保護、侵害者に対する責任の追及、個人と団体が平等な権利と法律による保護の確保、礼拝堂等の安全性の改善、宗教的文化遺産の保護と保存等の内容が含まれている。

中国当局は長年、国内の宗教団体を迫害してきた歴史があるが、習近平政権以降、さらに取り締まりが強化されている。近年の経済急成長を受けて富裕層の間でも精神的な拠り所を仏教などの宗教に求める需要が高まっているため、チベット仏教以外の仏教のお寺には目をつぶるケースも確認されているが、キリスト教会の破壊はより広範囲で行われている。キリスト教会の場合、一部共産党公認の教会も存在するので、一見キリスト教信仰が許されている印象も受けるが、これら公認教会ではあっても共産党のプロパガンダや、近年では習近平への個人礼賛的な内容を入れないと破壊されるケースが頻発している。

イタリアのトリノを拠点とする新興宗教研究センター（CESNUR）が運営するジャーナル「ビターウィンター（BITTER WINTER）」（https://jp.bitterwinter.org）や、ワシントンにある亡命中国人キリスト教人権団体である「チャイナ・エイド」は、二〇一九年頃からの教会の破壊や牧師の拘束など、数々の中国の宗教の自由や人権弾圧を報告している。

さらに、それらに先立ち二〇一八年には、中国の倫理の教科書が聖書の一節を歪曲し、イエス・キリストが自分は「罪人」だと話して女性を石で打ち殺した結末に書き換えるという「聖書書き換え事件」も起きている。無神論を唱える中国共産党が、国内の宗教を統制し抑圧するため、長期にわたってさまざまな政策を打ち出しており、この歪曲もその一環である。

この内容が明るみに出たのは、二〇二〇年九月初めに、ある教区民がこの文章の画像をSNSに投稿したことがきっかけだった。ネットユーザーたちは激しく怒り、この変更された一節は「冒瀆的」だと非難した。SNS上には、「中国共産党は悪魔だ」「聖霊に対する冒瀆の罪は許されない」「これが悪魔でないなら何なんだ?!」などのコメントが寄せられたという。

†貿易戦争は宗教戦争

こうしたアメリカの中国に対する宗教弾圧への厳しい批判や、制裁も視野に入れた外交政策は、米中の貿易や経済関係にも影響を及ぼしている。

二〇二〇年九月一五日の報道によると「アメリカ、ウイグル自治区の製品一部輸入停止「強制労働の疑い」」の見出しで、「アメリカのトランプ政権は、中国の新疆ウイグル自治区で生産された製品の一部が中国政府支援の強制労働によって生産された疑いがあるとして輸入を停止する」と発表した。ウイグルの人権問題で、アメリカ政府は中国政府に圧力をより一層強める姿勢を鮮明にしたのだ。

実際に輸入停止の対象になったのは、アパレル製品や綿花、そしてコンピューター部品などの一部で、中国政府が「再教育」としてウイグル族を不当に収容している施設などで生産されているとしている。

実際にこれに対応して、スウェーデン発のグローバルなファスト・ファッションであるH&Mは、いち早く「H&Mの製品はウイグル人の強制労働力を使用していません」と発表する事態に追い込まれた。その詳細は「新疆ウイグル自治区に拠点を置くいかなる縫製工場とも協働はしていない、当該地区から製品の調達も行っていない。当社ではサプライヤーリストを公開し、同リストでは製造拠点や工場、製糸業者などの名前および所在地に関する透明性のある情報開示を行っている」と声明を出した。

二〇二〇年三月にオーストラリア戦略政策研究所が、H&Mなどが新疆ウイグル自治区の労働者が雇用されているとされる安徽省の製糸業者、華孚時尚が所有する工場や、新疆ウイグル自治区のアクスにある同社工場との取引関係があったと報告し、報道されたことを受けたものである。この報道を受けて、H&Mは協働する中国におけるすべての縫製工場を対象に、新疆ウイグル自治区の労働者を雇用していないことを確認するための調査を実施したことも報告した。

ただし、一部の中国サプライヤーが華孚時尚傘下の工場（浙江省上虞）から特定の糸を調達しており、間接的な取引関係があることを認めた。この上虞の工場では、強制労働を示す証拠はないものの、強制労働の疑惑について明確な事実を確認できるまで、拠点や省に関係なく、華孚時尚との間接的な取引を一二カ月以内に段階的に停止すると決定した。また、新疆ウイグル自治区からのコットン調達の停止も発表した。新疆ウイグル自治区は、中国最大の綿花栽培地域で、H&MのサプライヤーはこれまでBCI(ベター・コットン・イニシアチブ)関連農家からコットンの調達を行っていたが、これを停止するとした。

新疆が綿や繊維製品のサプライチェーンに組み込まれている企業は、『ウォールストリート・ジャーナル』によると、H&Mだけでなく、アディダス、GAP、そして日本のユニクロや無印良品も含まれており、これら企業はコットン・キャンペーンの自主規制の「誓約」に署名している。

ユニクロや無印以外にも日本の多くの企業が、中国のサプライチェーンに依存している状況は、中国でのコロナ拡大で部品供給が行われなくなり日本の製造業に支障をきたしたことで、露呈した。コンピューター部品も新疆のウイグル人の強制労働によって製造されていることを考えると、これら日本企業は、ウイグル人のイスラム信仰や人権弾圧に間接的に加担していることになりかねない。この問題を真摯に受け止める必要があり、場合によっては日米関係において、アメリカが日本に「ウイグル人へ宗教・人権弾圧への加担」を止めるように要求してくることもあり得るのだ。

こうした状況に対して実際にポンペイオ国務長官も声明を発表し、「トランプ政権は中国共産党による新疆ウイグル自治区での悪質な人権侵害に注意を払うよう世界に呼びかけてきた。今回の措置はその一環だ」として、国際社会はウイグルの人権問題に向き合うべきだと訴えた。

さらに、アメリカ国務省は、二〇二〇年九月に「中国共産党による新疆ウイグル自治区での人権侵害」と題したウェブサイトを立ち上げ、動画などで中国政府の対応や政策を批判しており、トランプ政権はウイグルの人権問題でも中国政府に圧力をより一層強める姿勢を鮮明にしていたのである。

†宗教と安全保障との関係

日本では宗教が安全保障の問題と深く関わるという発想があまりなく、ようやく東京大学の先端科学技術研究センターの池内恵教授の下、グローバルセキュリティ・宗教分野という研究が立ち上がった。アメリカではハドソン財団など保守系シンクタンクだけでなく、日本でもお馴染みのCSIS（戦略国際問題研究所）でも宗教と安全保障の本題は、常に議論される重要課題だ。

日本政府にとって、アメリカ大使館や領事館を通じて国務省主催「国際的宗教の自由大会」の情報は存在するようだが、それを日米のより良い関係構築に役立てるなどの発想はあまりなく、メディアでもほとんど報道されない。

トランプ政権が中国を宗教弾圧国としてやり玉にあげていたが、日本政府は天安門事件以来、中国の人権問題については一切苦言を呈しない外交を貫いてきた。現在も香港問題やウイグル問題についても、踏み込んだ言及を避けてきている。

そうした中、二〇二〇年九月二〇日に天安門事件の時の日本の外交文書が公開され話題となった。その文書で、日本政府は一九八九年の天安門事件を受け、犠牲となった市民の人権よりも、国際的孤立に陥った中国共産党に手を差し伸べる外交を優先していたということが分かったのだ。それから三一年がたち、強大になった中国が香港への統制を強化するなどの人権問題が深刻さを増す中、当時の日本の対中外交についてのアメリカからの批判は避けられないであろう。

日本では当時、中国を国際社会の中に取り込むことで変化を促す「関与政策」が主流だった。日本は、軍事拡張路線を続ける中国の経済発展のため政府開発援助（ＯＤＡ）をつぎ込んだ。天安門事件後の日中外交は、「内政不干渉」の下で中国の政治体制や宗教弾圧等の人権問題に異を唱えず、経済的な実利を追求することで両国関係の安定を目指した。

しかし強国路線を掲げる習近平政権以降、民主化はますます遠のいている。人権や台湾・香港、南シナ海問題、また中国での日本人研究者の不当な拘束や尖閣諸島問題など、日本も直接的な被害を受けることで、ようやく「見守り外交」から脱却できるであろうか。中国が日本を含む米欧への対抗を強める中、ポンペイオ米国務長官は二〇二〇年七月、関与政策の失敗を宣言したのである。

天安門事件後の日本外交文書によると、日本政府は当時の「弱い中国」を国際的に孤立させれば、「冒険主義的対外政策に走らせる」と懸念したことによる政策だったということだ。この議論もわからないわけではないが、日本の今後の対中及び対米外交に影響を及ぼす可能性はあるだろう。

ウイグルや香港などで行われる中国共産党政権による人権・宗教弾圧については、民主党バイデン政権になっても引き続き、あるいはトランプ政権以上に厳しい対応をすることが予想される。つまり「宗教の自由」外交は継続することから、そうしたアメリカの新政権の歩調に合わせる対応を日本は迫られるであろう。国家安全保障会議に、対中国強硬派のジェフリー・プレスコットの指名もささやかれる。

特に新疆地区のウイグル人の強制・奴隷労働をサプライチェーンの工程で使用していると名指しで批判されている日本の企業は、きちんと対応することが求められる。また軍事・安全保障面ではバイデンはすでに尖閣諸島問題に言及していることから、日本の安保やクワッド（日米豪印）四カ国戦略対話における役割の重要性が高まるであろう。

第六章

「宗教と科学」の対立は、アメリカをどう動かすか

†トランプ支持層のキリスト教福音派は科学と対立

最後に、二〇二〇年の大統領選挙を語るには欠かせない新型コロナウイルス感染拡大による宗教と科学の問題を取り上げておきたい。コロナをめぐっては、公衆衛生や医療政策で対立が起きており、これらは重要な争点となった。

新型コロナウイルス感染拡大は宗教活動にも及び、各種催しものなど自粛を要請され、宗教界でもその対応が迫られた。トランプは経済活動の再開を強調していたが、アメリカ内でも意見が分かれ、それが国内政治や外交、そして大統領選挙にも影響を及ぼした。

「ブラック・ライブス・マター」運動で少なからずのダメージを受けたトランプだったが、より深刻な問題は、彼の支持基盤であるテキサスやフロリダなどを中心にコロナ感染症の被害がさらに拡大したことだった。結果、これらの州の支持は得たものの、アメリカ全土からの評価となると厳しいものとなり、トランプの敗北につながった。

トランプは、二～六月までのコロナ対策については、公衆衛生当局との対立など医学や科学への非協力的な態度を露わにし、こうした対処方法の問題点が指摘されてきた。七月八日にオクラホマ州タルサ市の公衆衛生当局の幹部は、トランプが同市で六月二〇日に開催した選挙集会が、新型コロナウイルスの感染拡大につながった可能性を指摘している。

カトリックより新しいキリスト教であるプロテスタント教会の、特にキリスト教福音派のメガ・チャーチのカリスマ牧師とその信者の中には、宗教活動の自粛に反対している者や団体が多数存在する。もちろんすべてではないが、トランプを熱狂的に支持していたキリスト教福音派の中でも、原理主義的な教会が礼拝を強行するケースが後を絶たない。

特にイースター（二〇二〇年は四月一二日が復活祭だが、その前後に多くのキリスト教の宗教活動やイベントが行われる）については、その現象が各地で見られた。アメリカを含む世界中のカトリック教会については、詳細を後述する。

トランプ前大統領は、資本主義における「経済活動の自由」と同じくらい、「宗教の自由」の重要性を唱えたことで、コロナ感染症発生後もこれを軽視した。そのためキリスト教福音派のメガ・チャーチのカリスマ牧師たちは、各州や各都市でロック・ダウンや自粛が決行される中、これを破り集団礼拝を強行し、警察に逮捕される事件も発生した。牧師自らコロナ感染症にかかり、信者に感染を拡大させて亡くなるケースも相次いだ。

警察による逮捕のケースとしては、フロリダ州の福音派系メガ・チャーチのカリスマ牧師ロニー・ハワード・ブラウン氏が、州の公衆衛生局の警告を無視し、多数の人を集めての礼拝を決行した罪に問われた（四月下旬）。

トランプのトップ宗教アドバイザー、ジェリー・ファルウェル・ジュニアが学長を務める、福音派の「リバティー大学」（バージニア州）は、キャンパス内で学生の感染者が出ているにも拘わらずキャンパス閉鎖を拒み、大学内での感染を拡大させたとして、この街リンチバーグ市の市長と対立するなどの問題を引き起こした（三月下旬〜四月上旬）。

同じバージニア州の別の教会で、州の公衆衛生局の警告を無視し、イースター（復活祭）を記念し四月一二日に大人数での礼拝を決行したジェラルド・グレン牧師は、コロナ感染症の陽性と判定され、その後この感染症が悪化し亡くなった。この礼拝に参列していた信者にも感染が拡大した（四月中旬）。シカゴの郊外でも、コロナにより亡くなった人の葬儀のために教会に多くの人が参列することでまた感染が拡大し、結果的に複数の死者を出す結果となった。

トランプ政権を支持していたキリスト教福音派の多くは、進化論を信じず、人間は神によって創られたとするクリエイショニズム（創造論）を信じ、またワクチン接種にも懐疑的である。少し前だが、親がキリスト教福音派の信者で、ホームスクーリング（学校で進化論を教えることを嫌悪、学校でなく家で教育を受けさせる）を行い、ワクチン接種は神の摂理に反するなどの理由で子供に受けさせないという家庭があった。その結果、ワクチンで解決できる麻疹や水疱瘡が大流行するという社会問題を起こしている。コロナ感染症に対しても、医学的、公衆衛生的なアドバイスを無視するキリスト教福音派の牧師や信者が後を絶たない。

トランプ自身も国立感染研究所長のファウチ博士との、コロナ感染症政策をめぐってのバトルが取り沙汰されていた。ファウチ博士は、オバマ政権下でエボラ出血熱の感染阻止で実績を上げた経歴から、オバマ＋バイデン・ラインとの対立という、極めて政治的な様相が背景にあったのだ。医療保険重視の民主党が、コロナで有利になった可能性は否定できない。

†コロナ死者数倍増へのトランプ批判

こうしたトランプを支持するキリスト教福音派による、コロナ自粛やロック・ダウンを無視した集団礼拝は、彼らの間の感染を拡大し死者を出すに至った。トランプ前大統領自身も、これを止めるどころか、「宗教の自由」を唱え、イースター（復活祭）の時期にホワイトハウスに、各キリスト教会のリーダーたちを招待してスピーチを行うなどの会を主催し、むしろこうした宗教的な集会を奨励しているかのように見えた点は大いに非難されることとなった。その結果、自身も感染した。

バイデンは、大規模な集会は控えてオンラインで選挙活動を行って、トランプに対してはオバマケアのような医療保険の欠如が、多くの貧困層、特に黒人やラティーノの死者を出しているとその責任を追及した。

医療分野での政策の欠陥を指摘されたトランプ政権は、その巻き返しのために中国にコロナ感染症の責任を追及した。もちろん全く根拠がないわけではなく、中国の武漢州に発生源があることは、ある程度客観的な事実であるかも知れない。

しかしそうだとしても、コロナ感染症のアメリカ上陸後のトランプ政権による失策が、莫大な数の死者をもたらしていることもまた事実であり、すべて中国のせいにすることで批判をかわそうとするのは無理があっただろう。

さらに、オバマ政権下でファウチ博士を通じて武漢の感染研究所へのアメリカの資金提供などがあったとし、「オバマとバイデンは北京寄り」という攻撃を始めた。中国非難によりトランプ支持のキリスト教福音派諸団体が大いに元気づき、バイデン攻撃に加勢した。

福音派の家族調査評議会代表のパーキンスは、「トランプはキリスト教徒を弾圧している中国と闘い、そして今はその中国が世界にもたらした最大の災難であるコロナ感染症と雄々しく戦っている」と述べ、トランプを賛美した。また「クリスチャン連合」の創立者ラルフ・リードも、トランプ政権の宗教アドバイザーの一人であったが、「コロナ感染症による多くのアメリカ人の死と経済へのダメージについては、神を信じない中国が損害賠償を払い、その罪を償うべきである」とコメントした。

†科学に積極的なカトリック教会と現教皇と親しいバイデン

一方、バイデンが信仰するカトリックの教会は、バチカンを中心にキリスト教福音派とは異なるコロナ対策を行っている。

臨終に立ち会うのが司祭などのカトリック聖職者の務めであり、また土葬の伝統があることで、コロナ感染症は容赦なく聖職者と葬儀への参列者に対しても猛威を振るった。北イタリアで五〇~六〇人以上の司祭のコロナ感染症による死去を受け、バチカンは態度を一変し、ミサなどの祈りの集会から臨終の立ち合いまでほとんどすべてをオンラインで行い、そして歴史と伝統の土葬を止めるなどいち早く英断に出た。

世界中のカトリック教会は、アメリカだけでなく、例えば日本やフィリピンの小さな教区でも、対コロナ対策についてはバチカンの方針に瞬時に従い、ミサは原則オンラインの命に従うことになった。日本でも、東京の菊池功大司教のミサが You Tube で発信されている。

また四月のイースター（復活祭）ミサは、フランシスコ教皇がバチカン内で、少数の司祭以外はほぼ無観客で行ったものが世界中にオンラインで一気に発信された。また司祭や神父は、デジタル・ロザリオを活用し、オンラインで相談を受けたり、死生学についてレクチャーをしたりするなど、失業、貧困や孤独に悩み苦しむ信者たちの心のケアを行っている。

現教皇フランシスコは、癌治療や環境問題などについても、宗教と科学（医学を含む）との対話に非常に積極的であり（本人が化学の修士号を持つことも影響しているだろう）、二〇一五年に出した地球温暖化についての二二五項目に及ぶ回勅「ラウダート・シ」では、気候科学者の多くのデータを採用した。

バイデン家はカトリック信者だがカトリック保守ではなく、ケネディ家以来の民主党のリベラルなカトリックの系譜であり、現教皇フランシスコと近い関係にある。コロナ感染症についても、フランシスコ教皇のオンライン・ミサ導入や、死生学としてのカトリック信仰、また貧困層への救済活動や、カトリックの社会回勅と親和性の高いニューディール的な方向性、またコロナ危機に対する柔軟で必要不可欠な政策に敬意を表している。

バイデンとフランシスコ教皇の直接的な接点として主なものは、二〇一六年四月に開かれたバチカン・アカデミー（生命倫理学などを扱う）であろう。医師などが多く招かれ、例えば胚盤胞移植による癌治療について、キリスト教的倫理に反するのではという議論があったにもかかわらず、フランシスコ教皇は、癌患者の命を救うという理由から、生命倫理的には問題ないとし、これを承認した。

バチカンが承認する前、アメリカのブッシュ・ジュニア大統領政権下では、この癌治療のための胚盤胞移植はキリスト教的倫理に反するとして、福音派の反対もあり認められていなかった。

その後、アメリカではオバマ政権誕生後、当時副大統領であったバイデンが後押しし、この胚盤胞移植による癌治療が承認されている。バイデンが、このバチカン・アカデミーに参加した最大の理由は、将来を民主党政治家として有望視されていた長男、ボー・バイデンを脳腫瘍(癌)のため四六歳の若さで亡くして(二〇一五年五月)一年足らずであったからとされている。癌治療という医療分野でのバイデンとフランシスコ教皇の「出会い」は、地球環境問題という民主党の重要な政策や選挙公約の面でも関わることになる。

かたやトランプ政権は地球温暖化問題をほぼ無視する政策を一貫して行い、パリ合意から離脱、二〇一九年ニューヨークで行われた国連の環境会議でグレタさんに睨み付けられるなど、話題を呼んだ。福音派も地球温暖化対策には懐疑的で、トランプのこうした政策を支持してきた。バイデンは真逆の道を進むことになるだろう。

†環境問題を含むバイデンの選挙公約

フランシスコ教皇の二〇一五年に出された地球環境問題に関わる二二五項目にわたる回勅「ラウダート・シ」と、国連の地球環境問題のパリ協定との関係性については、拙著『バチカンと国際政治』の最終章第七章で述べた通りであり、詳細はそちらを参照されたい。バイデンは、カトリック信者であり現教皇フランシスコと近い立場であることを、大統領選挙の公約でも明言していた。

バイデンは、「カトリック信仰によって、地球温暖化問題の重要さを教えられた。それは教皇フランシスコの回勅「ラウダート・シ」である。我々人間が、私たちの共通の家である地球を、過去二〇〇年の間に傷つけ、虐待してきたことを認めるべきである。もし大統領に就任できたら、環境問題に対して二〇五〇年までに一兆七〇〇〇億ドルをCO_2削減や、多くの雇用を生み出すために支出したい」と述べている。

さらに二〇二〇年五月二〇日の「ラウダート・シ」五周年記念行事でも、同様の内容について言及した。

このようにバイデンは、フランシスコ教皇の「ラウダート・シ」から地球環境問題に関する政策の多くのインスピレーションを得た。とりわけ、本回勅がパリ合意にも影響したのであれば、なおさらである。バイデンは、大統領になったらＷＨＯや国連の環境合意、パリ合意に復帰すると述べている。しかも、副大統領を務めたオバマ政権の取り組みを上回り、「二〇五〇年までに温室効果ガスの排出を実質ゼロにする」など、極めて意欲的な内容を盛り込んだ公約を発表したのである。

数ある政策のなかで、まずバイデンが環境問題での公約発表を選んだのは、民主党の予備選挙において、この問題が熱い注目を集めていたからである。世界の関心は米中貿易摩擦などに集まりがちだったが、二〇二〇年の予備選挙の現場では、環境問題が見逃せない争点だった。

環境問題は元々ヨーロッパでは高い関心があり、ＥＵ議会などでも環境問題に対する様々な基準作りや法令化が進んでいる。さらに二〇二〇年五月二三〜二六日に投票が行われた欧州議会議員選挙において、緑の党などの環境系政党が大きく議席を増やしている。イギリスのガーディアン紙が「静かな革命がヨーロッパを席巻した」と報じたように、欧州議会では四番目の会派となる議席数を獲得、国別でもフランスでは第三政党、ドイツでは第二政党となるなど、躍進を果たした。

これに対してアメリカは、アル・ゴアの貢献があることから民主党にとっては大きな関心であるが、共和党政権下ではほぼ無視されてきたと言っても過言ではない。しかし、環境問題への関心の高まりは世論調査にも明らかだ。ピュー・リサーチセンターの調査によれば、アメリカで「気候変動（温暖化）は自国にとって深刻な脅威である」と答える割合は、二〇一三年の四〇％から二〇一八年には六〇％近くにまで上昇している。

ヨーロッパの主要国でも、フランスで同様の回答が五〇％台から八〇％台にまで大幅に上昇したのを筆頭に、イギリスで約二〇％、ドイツでも約一五％の上昇を記録している。

興味深いのは、対中政策との関連である。バイデンは、中国を名指ししたうえで、温暖化対策への取り組みが不十分な国からの輸入に対し、課徴金や輸入制限を行うよう提案している。また、産業政策や一帯一路構想を通じ、国内外で石炭エネルギーを補助していると批判し、国際的な連携によって対中圧力を強める方針も明らかにしている。

アメリカとヨーロッパに共通して、環境問題への関心の高まりは若い世代に牽引されている。アメリカでは、全体としては環境問題への関心が低い共和党支持者ですら、一九八〇年代以降に生まれたミレニアル世代は、支持者の主力であるベビー・ブーマー世代（一九四六〜一九六四年生まれ）よりも、「現在の温暖化対策は不十分」と考える割合が高い。中道のバイデンは、若い世代からの支持を得ていることから、民主党内の左派との連携を図るにも地球環境問題はうってつけである。

†バイデンの「グリーン・ニューディール政策」

バイデンは、経済政策については、コロナ不況対策として大きな政府を意識したニューディール的な対策を打ち出している。これは、戦間期の世界大恐慌からいち早く脱却するのに貢献したとされる民主党ルーズベルト大統領のニューディール政策(政府が介入して多額の補助金を供給するなど)を参考としている。

日本を含む世界中で異常気象が頻発し水害などが増加、地球温暖化の影響が実感され始めている中、環境問題は企業だけには任せておけず政府による対応が求められるということで、「大きな政府」との親和性が高い。そのため、グリーン・ニューディールの名の下で、環境問題を中心に据えて左派的な政策を結集させていく試みが進んでいる。

グリーン・ニューディールは、二〇一八年一一月に投開票が行われたアメリカ議会中間選挙で、史上最年少の女性下院議員となったアレクサンドリア・オカシオコルテス氏が公約に掲げ、一躍有名になった構想である。中間選挙直後から、アメリカ有力紙の記事件数が急増している。二〇一九年に入ると、かねて民主党支持者に関心の高かったメディケア・フォー・オール(国家主導の国民皆保険制)を上回る月があるほどだ。

創出された新たな雇用に関しては、労働者の権利保護や職業訓練の充実など、格差の是正を意識した取り組みが盛り込まれている。さらには、国家を総動員した政策が目指す理想像として、政府が働きたい国民すべてに雇用を保証する仕組み(「米民主党がブチ上げた「雇用保証」とは何か」東洋経済 ONLINE 二〇一八年五月二五日)や、メディケア・フォー・

オールといった大掛かりな改革を、グリーン・ニューディールの延長線上に位置づける向きもある。

†宗教と科学の正しい対話構築の重要性

二項対立として捉えられてきた宗教と科学の問題であるが、この一見相反する概念のバランスを上手く維持することがコロナ対策では求められる。この二つの概念の絶え間ないコミュニケーションが必要なのである。宗教と科学の正しい対話こそ、コロナ感染症以降の世界にとって重要であり、地球温暖化問題についてもしかり、また経済活動の再開と対立する問題でもある。

コロナ感染症拡大の予防のための自粛とその出口戦略においては、経済VS科学（医学）で語られがちであるが、従来対立軸で見られてきた概念に対話をもたらすことこそ、コロナ危機に直面する多くの問題を解決する糸口となり、コロナ以降の世界に求められる態度であろう。

経済活動を維持するために感染拡大のリスクを冒すのは本末転倒であるが、しかし自粛やロック・ダウンの継続は経済を疲弊させ、多くの人の収入が激減あるいは無くなることで、二次災害的に貧困状態や飢餓状態に陥る危険性もある。

経済とコロナ感染防止は、労働者の尊厳というアプローチを取れば、もはや対立概念ではない。経済活動自粛に伴う労働者への補助金の提供という政策によって、実現されるのである。資本主義的な競争経済効率からは背反するように見える政策を行うことができるかできないかで、各国の資質が問われている。

「労働者の尊厳」は極めてキリスト教的な概念であるが、欧州や、キリスト教国ではない日本やアジア諸国で実現されているが、アメリカでは実現されていない（資本主義的な競争経済の原理が勝ってしまっている）。平時になったら、資本主義的競争経済に戻り徴税することによって、これら補助金は十分に取り返せるという算段もあろう（ドイツ・モデル）。

アメリカの福音派のメガ・チャーチは、キリスト教と資本主義ががっちりと一体化していることから、柔軟な態度が取れないのである。欧州や、ある意味日本にも存在する社会民主主義的な資本主義のあり方が重要であるが、アメリカ、特に共和党体制では社会民主主義など共産主義と同じで「真っ赤」だと、揶揄や批判の対象になっている。

こうした見方は、二〇二〇年九月三〇日に行われた第一回の大統領候補の討論会で、トランプのバイデン批判のレトリックとして使われた。このような態度では、柔軟な脱資本主義的な政策が行えず、経済VS科学（医学）の対立が前面に押し出されることになってしまうのだ。トランプの敗北は、こんな人々の願いからももたらされたのかもしれない。

トランプは何に負け、バイデンは何に勝利したのか

以上見てきたように、宗教ロビーが、二〇一六年も二〇二〇年も、大統領選挙に大きな影響を及ぼしてきた。一六年選挙で福音派やカトリック保守に対して掲げた多くの公約を、トランプはことごとく実行に移した。

それは当初、イスラム系移民排斥やエルサレムへのアメリカ大使館の移転となった。しかし後者の政策が、パレスティナ以外のアラブ諸国からの大きな反発につながらず、キリスト教シオニズムで利害を同じくする福音派とユダヤ・ロビーの後押しもあり、アメリカが仲介するイスラエルとアラブ諸国の歴史的な和解を次々と成立させた。イランとの対立は、対イスラム教と言うよりイスラエルを脅かすヒスボラへの敵対心によるものであり、それはソレイマニ司令官の暗殺で示された。またイスラム国のバグダーディー容疑者の暗殺で、中東におけるアメリカやイスラエルの宗教的利害を脅かす要因は徐々に低下している。

一方、これにとって代わるように対中国の強硬な態度が強化されていく。もちろん、貿

易・経済摩擦や、技術革新を含む知的財産への中国による侵略、また安全保障上の脅威などの要因は大きい。しかし香港をはじめとする中国じゅうで起こっているキリスト教徒への弾圧、そして新疆でのイスラム教徒への宗教及び人権弾圧、さらに長年弾圧されているチベット仏教徒を匿《かくま》っているインドと中国の直接戦闘など、こうした宗教的要因はその外交に反映されている。もっと言うと、これら中国をめぐる宗教問題によって、アメリカの安全保障上の関心が、中東からインド・アジア太平洋地域へシフトし、その強い関心につながっている。

本書の第五章で論じた、国務省を中心に展開する「国際的宗教の自由大会」やこれを実現する、「国際的宗教・信教の自由促進行政命令」などにも、そうした政策が反映されている。そしてこれらには、アメリカの強い宗教ナショナリズムを見出すことができる。

また内政の文脈では、トランプ前大統領による、三人の保守系の最高裁判所の判事の指名がある。カバノー、ゴーサッチ、そしてバレットであり、これで保守派六対リベラル派三となり、確実に内政において保守派に有利な状況をつくり、保守的な宗教ロビーの支持を得た。

だからこそ、二〇年選挙ではコロナ禍であったにもかかわらず、トランプはバイデンと接戦となった。そのためバイブル・ベルトでは勝利を収めたが、フロリダやテキサスを除くこれら州では選挙人数が少なく、不利に働いた可能性はある。

そしてコロナ禍は、好調だった経済を破壊しただけでなく、熱狂的な福音派の集会やメガ・チャーチでの礼拝を困難なものとした。それでも宗教集会を強行した福音派の教会では、集団クラスターが発生し、死に至ったカリスマ牧師も数人いた。死者が出たことで、熱狂的な支持をしていた福音派の中には、コロナ感染症を軽視し続けたトランプに幻滅した者もいただろう。

一方、コロナ初期にイタリアで多数の聖職者の死者を出したカトリック教会は、フランシスコ教皇の英断でオンライン礼拝が採用されるなど、科学技術を駆使した。バイデンの選挙戦もオンラインや、また人数制限、屋外や駐車場での車に乗ったままの選挙集会など、感染拡大を防ぐために配慮したものとなり、両者には共通点が見られた。

そういう意味で、教皇とバイデンは類似したアプローチを取った。またバイデンのグリーン・ニューディールなどの環境政策重視は、フランシスコ教皇の環境問題に関する二〇一五年の回勅「ラウダート・シ」と親和性が高く、どちらも国連によるパリ協定（第二十一回気候変動枠組条約締約国際会議）の推進を目指している。アメリカがパリ協定に復帰すれば、二国間や単独外交を行ってきたトランプに対して、多国間協調の外交が復活する可能性がある。

トランプの直接的な敗因は、コロナ軽視による失策と経済的ダメージ以外には、高い投票率と、ラスト・ベルトでの敗北がある。ラスト・ベルトでは、二〇一六年の選挙公約で約束されたほど産業・雇用回復が実現されなかったとされる。またヒラリーがエリート女性であったのに対し、アイルランド系カトリックのブルー・カラー男性が多いラスト・ベルトの労働組合との連携を、バイデンは重視した。これは、民主党の元来の政策でもある。彼らに対して「同じアイルランド系カトリック男性」としてアピールし、かつてカトリックであるだけで差別されたアイリッシュ・ディアボラとの連帯を、アイルランドの詩歌を引用し呼びかけた。つまりバイデンも、トランプに倣ってカトリックの宗教ナショナリズムを選挙戦で活用したとも言えるだろう。

このバイデンの引用したアイルランド・カトリックのヒーニーの詩は、分断が言われるアメリカや世界に、これを埋めるメッセージを発した。その作品「トロイの癒し」の一節で、「復讐より未来を信じ、癒しと治癒を呼び起こす。正義が再興し希望と歴史のリズムが蘇る」といった内容である。これは四年前、教皇フランシスコが、「キリスト教徒なら壁より橋を造りなさい」とトランプを叱りつけた言葉とも、連動するだろう。

トランプを支持する熱狂的な福音派の集会やメガ・チャーチの礼拝は、コロナに敗北を強いられた。その代わり科学と冷静な対話をしたカトリックが、バイデンに勝利をもたらした。それはあくまでも理想主義的な言説であり、現実には多くの困難に直面する政権となるだろう。それでもコロナ禍で分断が強調されるアメリカで、新バイデン大統領に希望を見出さずにはいられない。


一月六日にバイデン次期大統領を成績に選出中の連邦議会議事堂内に、これを妨害するトランプ支持者が大量に乱入する大事件が起きた。トランプは支持者に議事堂に行くよう促し、支持者は議事堂内を約三時間占拠、死者五名の大惨事となり、米民主主義の暗黒の歴史を刻んだ。前日の、南部ジョージア州の二議席を争った決選投票で民主党が勝利、民主が大統領選の勝利に加えて上下両院で多数派を確保したことへの反発もあるだろう。

トランプが支持者の議会への乱入を扇動したことから、その責任を問う弾劾が進められ、バイデン就任まで大統領権限乱用が危惧される。この事件でペンス副大統領を裏切り者と見なし首吊り刑に処する、また議員と人質とする立てこもり計画が発覚する等、深刻である。

これら暴徒の中に「キリストに導かれた」と主張する白人優位主義の福音派も一部いることから、福音派をはじめ各キリスト協会リーダーたちが声明を出した。多くは暴力行為が反キリスト教的、反聖書的と糾弾しているが、中にはこの事件へのトランプの責任を否定、あるいは極左のアンティファの仕業と言う者もいる。

宗教を利用し暴力を正当化するのはテロ行為であり、トランプの宗教政策を熱狂的に支持する者の中には少数派とはいえ、こうした者たちがいる。本著のテーマである宗教ナショナリズムにも、こうした危険性が潜在的に内包されていることを認識する必要はあるだろう。とは言うものの、トランプ政権下の「宗教三巨頭」、ペンス、ポンペイオ、ブランバック、特にポンペイオ国務長官の外交政策の実績は、次の政権に引き継がれる可能性があることを示唆して筆を置きたい。

あとがき

前著『熱狂する「神の国」アメリカ』を出版してから、はや四年が経過した。刊行が二〇一六年六月であったことから、選挙結果の前で、結果的にトランプ大統領選出を予想した形となった。そして本著は、そのトランプが二〇二〇年選挙で接戦と郵便投票による逆転でバイデンの勝利となり、トランプが訴訟を続け、新政権の人事が発表される中で脱稿している。

しかし多くのアメリカや政治学の専門家が言うように、トランプ現象は続くであろう。そうした意味で、なぜトランプは支持されたのか、またトランプ現象が継続するなら、それを解き明かすキーワードとして、「アメリカの宗教ナショナリズム」がその一助となることが、本著刊行の目的である。

またバイデンの勝利やこの政権を理解する上で、アメリカ史上、ケネディ大統領に次いで二番目のカトリック大統領という側面も、本著では扱った。私は、元々バチカンやカトリック教会と国際政治や国内政治との関係について研究してきており、先進国の中で最もキリスト教を中心とした宗教が、政治・社会と深く関わっているアメリカの「研究対象としての魅力」にとりつかれてきたからだ。

このアメリカの生みの母であるイギリスに以前長期留学し、その博士論文等の研究テーマがイギリスの外交政策であった経験も、アメリカ理解には大いに生かされた。現在のイギリスは世俗化し、アメリカと似て非なる宗教政治文化の国であるが、私の元々の研究対象である一九世紀のイギリスは、二一世紀のアメリカにつながる点が多くある。

一九世紀イギリスで起きたオックスフォード運動、イギリス国教会内で起きたカトリック・リバイバル運動、一方で福音派の活動の活発化、国家主導の福祉の代替案であるボランタリズム（自助）の台頭、帝国主義から出てきたキリスト教シオニズム、職人層を含む労働者階級の「労働の尊厳」運動、そして併合したアイルランドで起きた大飢饉による大量の北米への移民などである。

バイデンの母方の曾祖父は、一八四九年五月、大飢饉のアイルランドからアメリカに上陸し、ほとんど無一文から這い上がった。バイデンが、八月の選挙戦、一一月の勝利宣言などで繰り返し引用したのは、アイルランドの国民的な詩人シェイマス・ヒーニーの「トロイの癒し」の一節に「人間は苦悩と共にある。人間は繰り返し拷問にあう。繰り返し傷つく」とある。本著で引用した同じ詩は、実はこのように始まり、アイルランド大飢饉を彷彿させる。

こうした一九世紀のイギリスの知識が、現代のアメリカ理解、特に保守主義の政治理念とつながりがあることに気づかせてくれたのが『保守主義の精神 上・下巻』（ラッセル・カーク著・会田弘継訳、二〇一八年）である。特に下巻第八章の「想像力のある保守主義――ディズレーリとニューマン」では、ユダヤ教からキリスト教に改宗したイギリス帝国主義の生みの父ディズレーリと、オックスフォード運動でイギリス国教会からカトリックに改宗し、カトリック聖人となったニューマン枢機卿である。アメリカ保守主義思想家で哲学者のカークは、これら一九世紀を代表する政治家と聖職者から影響を受けたことを知った。

私は、かねてからリベラリズムより保守主義思想が研究対象としては興味があり、本著から多くの示唆を受け、会田弘継先生には他のご著書や交流を通じてアメリカ理解について多くのアドバイスを受けた。ワシントンに知り合いもいなかった私に、共同通信社ワシントン支局長の新井琢也記者（二〇一八年当時）、「アメリカン・インタレスト」の編集長アダム・ガーフィンクル（二〇一八年当時）などをご紹介いただいた。

「ワシントン開拓」の文脈で、直接的な意味でお世話になった方として、高井裕之さん

（米州住友商事会社ワシントン事務所長、二〇二〇年まで）、彼の部下であった足立正彦さん（住友商事グローバルリサーチ）、また高井さんのご紹介で関わった日本経済調査会の「地政学リスク委員会」のメンバー、特に座長であった柴田拓美さん（二〇一九年まで日興アセットマネジメント社長兼CEO）にお世話になった。

ワシントンでのインタビューなどで直接的、間接的に関わった方々としてハドソン研究所の長尾賢さんには、同研究所内、宗教の自由研究センター長のニーナ・セア博士をご紹介いただいた。セア博士とのつながりで、アメリカ国務省が主催した「国際宗教の自由大会」に参加することができ、ブラウンバック米全権宗教大使に会い、また国務省主催の他の宗教関連イベント、「祈禱朝食会」などに関わる機会に恵まれた。彼女には感謝の言葉しかない。

またこれらイベントで知り合い、友人となったアジア系アメリカ人の、エスタ・ウォングなくては、本著は書けなかった。彼女のフロリダ宅にまでおしかけ、元在日米軍とした活躍した彼女の弟さんも含め、彼女の家族と共に日曜に教会に出向いた。彼女の運転でパームビーチに面したトランプ邸宅前を、二回ほど通りかかった時のことを懐かしく思い出す。

彼女には国務省内の方や、アメリカ国際開発庁（USAID）と関わるキリスト教系NGO国際グローバル・エンゲージメント研究所（IGE）の幹部、ジェームズ・チン（台湾系アメリカ人）を紹介いただいた。ジェームズ・チンとは、「国際宗教の自由大会」で事前に直接話した経緯もあった。

この「国際宗教の自由大会」はポンペイオ国務長官が主宰、ペロシ等民主党議員も参加、何故か元イギリス首相トニー・ブレアも登場した。サイド・イベントでは世界中の宗教迫害を受けている人たちやアメリカのカリスマ牧師と直接話し、キリスト教だけでなく世界中の宗教の聖職者や団体、活動家と知り合うことができた。

その中には、ニュージーランドのモスクに白人優位主義テロリストが乱入し銃を乱射、妻を目前に殺害され自らも車椅子となる大怪我を負ったイスラム教聖職者、ロンドンに亡命しているエジプトのコプト教聖職者、イスラム教徒ロヒンギャ難民、南アでアパルトヘイト撤廃に貢献したトゥトゥ国教会大主教の後継者、父親を新疆ウイグル自治区の収容所内に拉致されたウイグル人イスラム教徒の女性、中央アフリカ共和国のカトリック聖職者など、あげるときりがないほどの人たちと話した。アメリカ国務省の組織力と懐の深さに感嘆した。

ペンス副大統領も登壇したが、この会は世界中で宗教迫害を受けている人たちだけが特別招待されたので、著者は対象外だった。こうしたアメリカ国務省が主催する宗教関連のイベントに参加していた日本人は、知る限り著者以外はおらず、日本におけるアメリカ理解に、宗教の要因が欠如していることを改めて感じ、前著に続き本著執筆の動機ともなった。

特筆すべきは、中国人のプロテスタント牧師で共産党政権から弾圧を受け、アメリカに亡命したボブ・フーと、彼がワシントンに設立したロビー団体「チャイナ・エイド」のスタッフとも知り合い、後にインタビューの機会を持った。またウイグル系アメリカ人弁護士で中国でのウイグル人迫害に抗議する活動家、ニューリー・ターケルとも知り合った。

他にキリスト教ロビーとしては、「南部バプティスト連盟」、そして「家族調査評議会」にはセミナーも含め何度か足を運び、同協会の広報部長で「宗教の自由センター」長のトレビス・ウェイバーには二回もインタビューを行った。ヘリテージ財団のジェームズ・カラファーノ博士にもお世話になった。テレビ朝日の高羽佑輔記者とはワシントン・オフィスのスタッフと共に、福音派大学のバージニア州リバティー大学に車で一緒に出向き、本大学の広報担当者へインタビューすることができたことに感謝を述べたい。本大学の学長でトランプの宗教アドバイザーのジェリー・ファルウェル・ジュニアが、大統領選挙戦の真っただ中セックス・スキャンダルで辞任したのは衝撃的で、トランプ敗北の責任の一端はこの事件にもあるかもしれない。

ワシントンのカトリックの大学、ジョージ・タウン大学の「宗教と平和、国際情勢研究所」の教授であるクリンチャンセン神父、そして同大学の歴史学部で教鞭を執る樋口敏広さんにはお世話になった。現在アメリカのジャパン・ソサイエティ理事のジョシュ・ウォーカーには、イアン・ブルマーひきいるユーラシア・グループ所属だった時に会い、アメリカの宗教と政治の研究をしていると言ったら、「安全保障や経済の研究者は多いが、アメリカの宗教と政治を理解できる日本人は貴重だ」と勇気付けられ、彼の友人で宗教・政治ジャーナル「プロビデンス」編集長マーク・トウェインを紹介いただき、インタビューが実現した。

ワシントンの日本大使館にもお世話になり、中村仁威公使、菅野守一等書記官、イスラエル等ユダヤ関係機関に詳しい樋口書記官（二〇一九年当時）には、アメリカ・ユダヤ人委員会（ＡＪＣ）のスーザン・スローンさんをご紹介いただき、二度にわたるインタビューに対応いただいた。また彼女の紹介でイスラエルの同協会を訪問予定だったが、二〇二〇年三月にコロナ感染症に阻まれ、イスラエルへの入国不可で断念した。霞が関の外務省にも内部の勉強会の講師によんでいただき、また同省の斎藤純さんや菊池信之さんにもお世話になった。

多くのメディア関係の方たちにもお世話になった。特に共同通信社の杉田弘毅記者には、日本記者クラブでの「米大統領選の行方（2）トランプ大統領と福音派」の講演をするべくお声掛けいただき、またとない素晴らしい機会を頂いた。またワシントンでの、産経新聞ワシントン支局長の黒瀬悦成記者との交流も有益であった。朝日新聞の大内悟史記者には、コラム連載で、読売新聞の大内佐紀記者、植田滋記者、そして同級生の滝田恭子編集局次長などに良くしていただいた。

研究者の先生方にも随分お世話になった。全員の方のお名前を挙げることはできないが、アメリカ政治や宗教・文化研究に直接関わる方、特に上智大学の前嶋和弘先生、東京大学の久保文明先生、南山大学の山岸敬和先生、成蹊大学の西山隆行先生、慶應大学の渡辺靖先生、関西学院大学の井口治夫先生、柴山太先生、そして五百旗頭真先生と五百旗頭薫先生である。

そして両親の松本徹と松本碧、残念ながら他界した義父母のフィリップ・ベストとミリエル・ベスト、そしていつも著者の研究を勇気付ける夫、アントニー・ベストに感謝する。

二〇二〇年一二月吉日

松本　佐保

メガ・チャーチ全米ベスト20〈教会名、牧師（伝道師）名、州　街　週の収容人数　信仰の種類〉

1　レイクウッド教会（Lakewood Church）
ジョエル・オスティーン牧師（Joel Osteen）テキサス州ヒューストン、四三五〇〇人、宗派問わず

2　ノース・ポイント・コミュニティ教会（North Point Community Church）
アンディー・スタンリー牧師（Andy Stanley）ジョージア州アルファレタ、三〇六二九人、宗派問わず

3　ライフ・チャーチ・TV（Life Church.tv）
クレイグ・グロッシェル牧師（Craig Groeschel）オクラホマ州エドモンド、三〇〇〇〇人、福音派信仰誓約

4　ゲートウェイ教会（Gateway Church）
ロバート・モリス牧師（Robert Morris）テキサス州サクスレイク、二八〇〇〇人、宗派問わず

5　ウイロー・クリーク・コミュニティ教会（Willow Creek Community Church）
ビル・ヘイベル牧師（Bill Hybels）イリノイ州サウス・バーリントン、二五七四三人、宗

派問わず

6 **フェローシップ教会（Fellowship Church）**

エド・ヤング牧師（Ed Young）テキサス州グレーブヴァイン、二四一六二人、南部バプティスト連盟

7 **キリストの谷の教会（Christ's Church of the Valley）**

ドン・ウイルソン牧師（Don Wilson）アリゾナ州ピオリア、二三三九五人、独立キリスト教会

8 **ニュー・スプリング教会（New Spring Church）**

ペリー・ノーブル牧師　サウスカロライナ州アンダーソン、二三〇五五人、バプティスト

9 **エレベーション教会（Elevation Church）**

スティーブン・ファーティック牧師（Steven Furtick）ノースカロライナ州マシューズ、二二二〇〇人、宗派問わず

10 **ハイランド教会（Church of the Highlands）**

クリス・ホッジス牧師（Chris Hodges）アラバマ州バーミンガム、二二一八四人、宗派問わず

11 **サドルバック教会（Saddleback Church）**

リック・ウォーレン牧師（Rick Warren）カリフォルニア州レイク・フォレスト、二万二〇五五人、南部バプティスト連盟

12 **サウス・イースト・クリスチャン教会（Southeast Christian Church）**

デイブ・ストーン牧師（Dave Stone）ケンタッキー州ルイビル、二万一七六四人、独立キリスト教会

13 **セントラル・クリスチャン教会（Central Christian Church）**

ジュード・ウィルハイト牧師（Jud Wilhite）ネバダ州ヘンダーソン、二万一〇五五人、独立キリスト教会

14 **フェニックス・ファースト・アセンブリ・オブ・ゴッド（Phoenix First Assembly of God）**

トミー&ルーク・バーネット牧師夫妻（Tommy & Luke Barnett）アリゾナ州フェニックス、二万一〇〇〇人、アセンブリーズ・オブ・ゴッド教団（ペンテコステ派）

15 **セカンド・バプティスト教会（Second Baptist Church）**

エドウィン・ヤング牧師（H. Edwin Young）テキサス州ヒューストン、二万六五六人、南部バプティスト連盟

16 **キリスト・フェローシップ（Christ Fellowship）**

トッド・マリンズ牧師（Todd Mullins）フロリダ州パーム・ビーチ・ガーデン、一万八九六五人、宗派問わず

17 **カルヴァリー礼拝堂フォートローダーデール（Calvary Chapel Fort Lauderdale）**
ダング・サンデール牧師（Doug Sander）フロリダ州フォートローダーデール、一万八五二一人、カルヴァリー教会、ソフト・カリスマ系福音派

18 **ウッドランド教会（Woodlands Church）**
ケリー・ショック牧師（Kerry Shook）テキサス州ウッドランド、一万八三八五人、南部バプティスト連盟

19 **イーグル・ブルック教会（Eagle Brook Church）**
ボブ・メリット牧師（Bob Merritt）ミネソタ州センター・ビル、一万七〇九一人、ジェネラル・バプティスト協会

20 **コーナーストーン教会（Cornerstone Church）**
ジョン・ヘイギー牧師（John Hagee）テキサス州サンアントニオ、一万七〇〇〇人、宗派問わず

参考文献

会田弘継『トランプ現象とアメリカ保守思想』左右社、二〇一六年
会田弘継『増補改訂版―追跡・アメリカの思想家たち』中公文庫、二〇一六年
会田弘継『破綻するアメリカ』岩波現代全書、二〇一七年
ラッセル・カーク著、会田弘継訳・『保守主義の精神 上・下』中公選書、二〇一八年
青野利彦・倉科一希・宮田伊知郎編著『現代アメリカ政治外交史』ミネルヴァ書房、二〇二〇年
飯山雅史『アメリカ福音派の変容と政治』名古屋大学出版会、二〇一三年
飯山雅史『アメリカの宗教右派』中公新書ラクレ、二〇〇八年
井口治夫『誤解された大統領―フーヴァーと総合安全保障構想』名古屋大学出版会、二〇一八年
宇野重規『保守主義とは何か』中公新書、二〇一八年
宇野重規『民主主義とは何か』講談社現代新書、二〇二〇年
大石格『アメリカ大統領選―勝負の分かれ目』日経プレミアシリーズ、二〇二〇年
岡山裕『アメリカの政党政治』中公新書、二〇二〇年
久保文明・砂田一郎・松岡泰・森脇俊雅『アメリカ政治』有斐閣、二〇一三年
久保文明・金成隆一『アメリカ大統領選』岩波新書、二〇二〇年
河野博子『アメリカの原理主義』集英社新書、二〇〇三年
杉田弘毅『アメリカの制裁外交』岩波新書、二〇二〇年
中山俊宏『アメリカン・イデオロギー―保守主義運動と政治的分断』勁草書房、二〇一三年

西川賢『分極化するアメリカとその起源―共和党中道路線の盛衰』千倉書房、二〇一五年
西山隆行『移民大国アメリカ』ちくま新書、二〇一六年
西山隆行『アメリカ政治講義』ちくま新書、二〇一八年
西山隆行『アメリカ政治入門』東大出版会、二〇一八年
西山隆行『格差と分断のアメリカ』東京堂出版、二〇二〇年
堀内一史『アメリカと宗教・保守化と政治化のゆくえ』中公新書、二〇一〇年
前嶋和弘・古川勝久・他『アメリカの外交政策―歴史・アクター・メカニズム』ミネルヴァ書房、二〇一〇年
前嶋和弘・山崎岳志・津山恵子『現代アメリカ政治とメディア』東洋経済新報社、二〇一九年
前嶋和弘・吉野孝『危機のアメリカ「選挙デモクラシー」』東信堂、二〇二〇年
松本佐保『熱狂する「神の国」アメリカ』文春新書、二〇一六年
松本佐保・大賀哲・中野涼子編著『共生社会の再構築Ⅲ国際規範の競合と調和』法律文化社、二〇二〇年
水島治郎『ポピュリズムとは何か―民主主義の敵か、改革の希望か』中公新書、二〇一八年
水島治郎『ポピュリズムという挑戦―岐路に立つ現代デモクラシー』岩波書店、二〇二〇年
ウォルター・ラッセル・ミード・寺下滝郎訳『神と黄金 上下巻』青灯社、二〇一四年
宮田智之『アメリカ政治とシンクタンク』東大出版会、二〇一七年
村田晃嗣『銀幕の大統領ロナルド・レーガン―現代大統領制と映画』有斐閣、二〇一八年
村田晃嗣『大統領とハリウッド―アメリカ政治と映画の百年』中公新書、二〇一九年
森孝一『宗教からよむ「アメリカ」』講談社選書メチエ、二〇〇七年
森本あんり『反知性主義―アメリカが生んだ「熱病」の正体』新潮選書、二〇一五年

森本あんり『異端の時代―正統のかたちを求めて』岩波新書、二〇一八年
森本あんり『不寛容論―アメリカが生んだ「共存」の哲学』新潮選書、二〇二〇年
山内進『「正しい戦争」という思想』勁草書房、二〇〇六年
山岸敬和『アメリカ医療制度の政治史―20世紀の経験とオバマケア』南山大学学術叢書、二〇一四年
山岸敬和・西川賢編著『ポスト・オバマのアメリカ』大学教育出版、二〇一六年
横江公美『アメリカのシンクタンク』ミネルヴァ書房、二〇〇八年
渡辺将人『メディアが動かすアメリカ』ちくま新書、二〇二〇年
渡辺靖『アメリカン・コミュニティ』新潮選書、二〇〇七年
渡辺靖「米国を動かすキリスト教原理主義」『文藝春秋 Special 2016年季刊冬号』二〇一五年
渡辺靖『リバタリアニズム―アメリカを揺るがす自由至上主義』中公新書、二〇一九年
渡辺靖『白人ナショナリズム―アメリカを揺るがす「文化的反動」』中公新書、二〇二〇年

欧文文献

Brownback, Sam, *From Power to Purpose: A Remarkable Journey of Faith and Compassion*, Thomas Nelson, 2009
Critchlow, Donald. T, *Phyllis Schlafly and grassroots conservatism: A woman's crusade, politics and society and society in Twentieth-Century America*, Princeton, 2005
Crouse, Eric R., *The Cross and Reaganomics, Conservative Christians Defending Roland Reagan*, New York, 2013
Denker, Angela, *Red State Christians: Understanding the Voters Who Elected Donald Trump*, Fortress Press, 2019
Diamond, Sara, *Roads to Dominion: Right-Wing Movements and Political Power in the United States*, New York: Guilford,

1995

Dochuk, Darren, *From Bible Belt to Sunbelt: Plain-Folk Religion, Grassroots Politics, and the Rise of Evangelical Conservatism*, New York: W. W. Norton, 2010

Flippen, J. Brooks, *Jimmy Carter, the Politics of Family, and the Rise of the Religious Right,* Athens, GA: University of Georgia Press, 2011.

Fu, Bob, *God's double agent, The True story of Chinese Christian's flight for Freedom*, Baker Books, 2013

Hendershot, Heather, *What's Fair on the Air? Cold War Right-Wing Broadcasting and the Public Interest*, Chicago: University of Chicago Press, 2011

Hurd, Elizabeth Shakman, *Beyond Religious Freedom: The New Global Politics of Religion*, Princeton University Press; Reprint edition, 2017

Marsden, George M., *Fundamentalism and American Culture*, 2d ed., New York: Oxford University Press, 2006

Miscamble, Wilson D. C.S.C. *American Priest: The Ambitious Life and Conflicted Legacy of Notre Dame's Father Ted Hesburgh,* Image; Illustrated edition, 2019

Posner, Sarah, *Unholy: Why White Evangelicals Worship at the Altar of Donald Trump, Random House, 2020*

Romero, Jesse & McCullough, John, *A Catholic Vote for Trump: The Only Choice in 2020 for Republicans, Democrats, and Independents Alike*, Tan Books & Pub; Reprint edition, 2020

Rychlak, Ronald J. & Adolphe, Jane F. (eds.), *The Persecution and Genocide of Christians in the Middle East: Prevention, Prohibition, & Prosecution,* Angelico Press, 2017

Miller, Steven P, *The Age of Evangelicalism: America's Born-Again Years*, New York: Oxford University Press, 2014.

Shea, Nina & Marshall Paul, *Silenced: How Apostasy and Blasphemy Codes are Choking Freedom Worldwide*, Oxford University Press, 2011

Shea, Nina & Marshall, Paul & Gilbert, Lela, *Persecuted: The Global Assault on Christians*, Thomas Nelson 2013

Stievermann, Jan & P Goff, Philip & Junker, Detlef, *Religion and the Marketplace in the United States,* Oxford Univ Press on Demand, 2015

Sullivan, Winnifred Fallers & Hurd, Elizabeth Shakman & Mahmood, Saba & Danchin, Peter G. (eds.), *Politics of Religious Freedom*, University of Chicago Press; 1st edition, 2015)

Thumma, Scott & Travis, Dave & Warren, Rick, *Beyond Megachurch Myths: What We Can Learn from America's Largest Churches*, Jossey-Bass; 1st edition, 2007

Young, Neil J., *We Gather Together: The Religious Right and the Problem of Interfaith Politics*, New York: Oxford University Press, 2015.

インターネット情報

「米シカゴ市 新型コロナの死者70%が黒人」２０２０年４月
https://www.mashupreporter.com/chicago-70-of-covid-19-deaths-are-black/

「米、ＬＧＢＴの職場差別を禁止 最高裁が画期的判決」２０２０年６月
https://www.afpbb.com/articles/-/3288494

ハートフォード宗教研究所：メガ・チャーチの詳細情報
http://hirr.hartsem.edu/index.html

米国務省主催２０１９年国際宗教の自由大会
https://www.state.gov/2019-ministerial-to-advance-religious-freedom/
米国務省：宗教の自由オフィス
https://www.state.gov/bureaus-offices/under-secretary-for-civilian-security-democracy-and-human-rights/office-of-international-religious-freedom/
米国務省：国際宗教の自由法１９９８年
https://www.uscirf.gov/about-uscirf/international-religious-freedom-act-1998-amended
ピュー・リサーチ・センター
https://www.pewresearch.org/
ピュー・リサーチ・センターの宗教と公共政策「ティーンエージャー宗教離れせず：親子で教会に行く」２０２０年９月
https://www.pewforum.org/2020/09/10/u-s-teens-take-after-their-parents-religiously-attend-services-together-and-enjoy-family-rituals/
「トランプ大統領、教会を政治に引き込む作戦、思い通りに行かず」
https://time.com/5067035/president-trump-lost-a-fight-to-allow-churches-to-get-more-involved-in-politics/
キリスト教系ロビー「家族調査評議会 Family Research Council」
https://www.frc.org/
「家族調査評議会ＦＲＣ」主催の「道徳的投票サミット」：２０２０年９月22～25日
https://www.valuesvotersummit.org/home

「オバマケア」が機能不全に陥っている理由：２０１７年３月
https://toyokeizai.net/articles/-/161060?page=4
「アメリカ・イスラエル公共問題委員会」
https://www.aipac.org/
「イスラエルのためのキリスト教徒同胞団」
https://cufi.org/
ラシュモア山国立記念公園の４人の偉大な大統領像群（ジョージ・ワシントン、トーマス・ジェファーソン、セオドア・ルーズベルトとエイブラハム・リンカーン）「アメリカの英雄たち」像群の建設を２０２０年７月に決定、ここに故スカリア判事像を追加
https://www.fox5dc.com/news/antonin-scalia-jackie-robinson-among-those-picked-for-trumps-national-garden-of-heroes
「米最高裁判事指名のカバノー氏、「性的暴行」被害者が公然と非難」２０１８年９月
https://www.afpbb.com/articles/-/3189823
「米最高裁、保守色鮮明に　判事にカバノー氏指名」２０１８年７月
https://www.nikkei.com/article/DGXMZO32799940Q8A710C1MM0000/
「米トランプ大統領が国連演説「世界人口の８割が信仰の自由を脅かされている」」２０１９年９月
https://www.visiontimesjp.com/?p=3467
グローバル・エンゲージメン研究所「米国とベトナムの国交25年を祝う」２０２０年７月
https://globalengage.org/updates/view/ige-participates-in-25th-anniversary-celebration-of-diplomatic-relations-between-the-united-states-and-vietnam

「人権軽視外交」検証を：天安門事件外交文書」時事通信２０２０年９月
https://www.jiji.com/jc/article?k=2020091900396&g=pol
「教皇フランシスコ、カトリック教会と科学の対話継続は良いこと」２０１９年10月
https://theconversation.com/pope-francis-and-the-catholic-church-continue-to-look-towards-science-and-that-can-only-be-a-good-thing-123640
「バイデンのカトリック信仰と政治キャリア、環境問題」２０１９年12月
https://religionnews.com/2019/12/29/faith-to-restore-the-soul-of-our-nation/
「教皇フランシスコがバイデンに宛てた手紙、地球環境問題の回勅「ラウダート・シ」の政策化を提案か」
https://www.washingtonexaminer.com/news/how-a-controversial-letter-from-pope-francis-shaped-climate-politics-and-the-biden-2020-campaign?fbclid=IwAR1YU1StXnJ5z_-_yGQ5HxTfPYyqQguX_6PZnQ2K49r-XAAHhj-5RRerpZQ

公文書館（一次史料）

Ronald Reagan Presidential Library, Reagan papers at the Archives
Library of Congress, Archives of the Private Papers
Hoover Institution Archives, Stanford University
National Archives at Colleague Park, Washington DC, US
National Archives at Kew, UK

フィールド調査

サドルバック教会（メガ・チャーチ、カリフォルニア州オレンジ郡、リック・ウォーレン牧師）
https://saddleback.com/

インタビュー

・ニーナ・セア博士（ハドソン研究所・宗教の自由政策研究センター長）
・レイラ・ギルバート（ハドソン研究所・宗教の自由政策研究センター・フェロー）
https://www.hudson.org/policycenters/7-center-for-religious-freedom
・マーク・トウェイン（『プロビデンス―アメリカのキリスト教と外交政策』編集長）
Providence - A Journal of Christianity & American Foreign Policy
https://providencemag.com/
・ジェームズ・カラファーノ博士（ヘリテージ財団・国内及び対外安全保障専門家）
https://www.heritage.org/staff/james-carafano
・トレビス・ウェイバー（「家族調査評議会ＦＲＣ」「宗教の自由センター」長、同協会広報担当）
https://www.frc.org/travis-weber
・トレビス・ヴォーソー（「宗教の自由と倫理委員会、南部バプティスト連盟」）
Ethics & Religious Liberty Commission of the Southern Baptist Convention（ＥＲＬＣ）.
https://erlc.com/
・ライアン・ヘルフェインバイン（福音派リバティー大学・広報部長、同大学「信仰と憲法」研究所所長兼任）

https://www.falkirkcenter.com/our-team/ryan-helfenbein/
The Falkirk Center on 'Faith and our Constitution.'
・アダム・ガーフィンクル（「アメリカン・インタレスト」編集長）
https://www.the-american-interest.com/v/adam-garfinkle/
・ジェームズ・チン（グローバル・エンゲージメント研究所理事）
https://globalengage.org/
・ローガン・カーマイケル（中国亡命キリスト教牧師ボブ・フー援助団体「チャイナ・エイド」広報担当者）
https://www.chinaaid.org/
・スーザン・スローン（アメリカ・ユダヤ人委員会〔ＡＪＣ〕広報担当者）
https://www.ajc.org/
・ドゥルー・クリスチャンセン神父（ジョージ・タウン大学「宗教と平和、国際情勢研究所」教授）https://berkleycenter.georgetown.edu/
・ニューリー・ターケル（国務省・国際宗教の自由委員会委員、アメリカ・ウイグル人会議元議長の関係者）
https://www.uscirf.gov/　https://uyghuraa.org/
・トーマス・リーズ神父（オバマ期国務省の国際宗教の自由委員会委員、『全米カトリック・リポーター』カトリック・オンライン・ジェーナル著者・責任者）
https://www.ncronline.org/authors/thomas-reese
・国務省「国際宗教の自由委員会」関係者
https://www.state.gov/2019-ministerial-to-advance-religious-freedom/

・米国際開発庁関係者
https://www.usaid.gov/

参考記事

松本佐保インタビュー［考察　米新政権］「カトリック前面　教皇と協力」『読売新聞』二〇二〇年一二月三日
飯塚恵子著「ワールドビュー：バイデン政治と宗教の相性」『読売新聞』二〇二〇年一二月一三日
松本佐保インタビュー〝Biden expected to cooperate with pope over climate, refugees〟『読売新聞の英語版 Japan News』二〇二〇年一二月一六日
松本佐保著「発言：カトリック信仰と米の新政権」『毎日新聞』二〇二〇年一二月一七日

協力　アップルシード・エージェンシー

ちくま新書
1553

アメリカを動《うご》かす宗教《しゅうきょう》ナショナリズム

二〇二一年二月一〇日 第一刷発行

著者 松本佐保（まつもと・さほ）
発行者 喜入冬子
発行所 株式会社 筑摩書房
東京都台東区蔵前二―五―三 郵便番号一一一―八七五五
電話番号〇三―五六八七―二六〇一（代表）
装幀者 間村俊一
印刷・製本 三松堂印刷 株式会社

ISBN978-4-480-07378-5 C0216

888
世界史をつくった海賊
竹田いさみ

スパイス、コーヒー、茶、砂糖、奴隷……歴史の陰には、常に奴らがいた。開拓の英雄であり、略奪者で厄介者でもあった〝国家の暴力装置〟から、世界史を捉えなおす！

890
現代語訳 史記
司馬遷
大木康訳・解説

歴史書にして文学書の大古典『史記』から「権力」と「キャリア」をテーマにした極上のエピソードを選出し、現代語訳。「本物の感触」を届ける最上の入門書。

932
ヒトラーの側近たち
大澤武男

ナチスの屋台骨である側近たち。ゲーリング、ヘス、ゲッベルス、ヒムラー……。独裁者の支配妄想を実現、ときに強化した彼らは、なぜ、どこで間違ったのか。

935
ソ連史
松戸清裕

二〇世紀に巨大な存在感を持ったソ連。「冷戦の敗者」「全体主義国家」の印象で語られがちなこの国の内実を丁寧にたどり、歴史の中での冷静な位置づけを試みる。

994
やりなおし高校世界史
――考えるための入試問題8問
津野田興一

世界史は暗記科目なんかじゃない！ 大学入試を手掛かりに、自分の頭で歴史を読み解けば、現在とのつながりが見えてくる。高校時代、世界史が苦手だった人、必読。

1019
近代中国史
岡本隆司

中国とは何か？ その原理を解く鍵は、近代史に隠されている。グローバル経済の奔流が渦巻きはじめた時代から、激動の歴史を構造的にとらえなおす。

1080
「反日」中国の文明史
平野聡

文明への誇り、日本という脅威、社会主義と改革開放、矛盾した主張と強硬な姿勢……。驕る大国の本質を悠久の歴史に探り、問題のありかと日本の指針を示す。

ちくま新書

1082
第一次世界大戦
木村靖二
第一次世界大戦こそは、国際体制の変化、女性の社会進出、福祉国家化などをもたらした現代史の画期である。戦史的経過と社会的変遷の両面からたどる入門書。

1098
古代インドの思想
——自然・文明・宗教
山下博司
インダス文明の謎とヒンドゥー教の萌芽。アーリヤ人侵入とヴェーダの神々。ウパニシャッドから仏教・ジャイナ教へ……。多様性の国の源流を、古代世界に探る。

1147
ヨーロッパ覇権史
玉木俊明
オランダ、ポルトガル、イギリスなど近代ヨーロッパ諸国の台頭は、世界を一変させた。本書は、軍事革命、大西洋貿易、アジア進出など、その拡大の歴史を追う。

1177
カストロとフランコ
——冷戦期外交の舞台裏
細田晴子
キューバ社会主義革命の英雄と、スペイン反革命の指導者。二人の「独裁者」の密かなつながりとは何か。未開拓の外交史料を駆使して冷戦下の国際政治の真相に迫る。

1206
銀の世界史
祝田秀全
世界中を駆け巡った銀は、近代工業社会を生み世界経済の一体化を導いた。銀を読みといて、コロンブスから産業革命、日清戦争まで、世界史をわしづかみにする。

1255
縄文とケルト
——辺境の比較考古学
松木武彦
新石器時代、大陸の両端にある日本とイギリスは独自の非文明型の社会へと発展していく。二国を比較することでわかるこの国の成り立ちとは？　驚き満載の考古学！

1278
フランス現代史　隠された記憶
——戦争のタブーを追跡する
宮川裕章
第一次大戦の遺体や不発弾処理で住めない村。第二次大戦の対独協力の記憶。見捨てられたアルジェリアのフランス兵アルキ……。等身大の悩めるフランスを活写。

ちくま新書

1287-1 人類5000年史Ⅰ ——紀元前の世界 出口治明

人類五〇〇〇年の歩みを通読する、新シリーズの第一巻、ついに刊行! 文字の誕生から知の爆発の時代まで紀元前三〇〇〇年の歴史をダイナミックに見通す。

1287-2 人類5000年史Ⅱ ——紀元元年〜1000年 出口治明

人類史を一気に見通すシリーズの第二巻。漢とローマ二大帝国の衰退、世界三大宗教の誕生、陸と海のシルクロード時代の幕開け等、激動の1000年が展開される。

1287-3 人類5000年史Ⅲ ——1001年〜1500年 出口治明

十字軍の遠征、宋とモンゴル帝国の繁栄など人や物の交流が盛んになるが、気候不順、ペスト流行にも見舞われる。ルネサンスも勃興し、人類は激動の時代を迎える。

1295 集中講義! ギリシア・ローマ 桜井万里子 本村凌二

古代、大いなる発展を遂げたギリシアとローマ。これらの歴史を見比べると、世界史における政治、思想、文化の原点が見えてくる。学びなおしにも最適な一冊。

1335 ヨーロッパ 繁栄の19世紀史 ——消費社会・植民地・グローバリゼーション 玉木俊明

第一次世界大戦前のヨーロッパは、イギリスを中心に空前の繁栄を誇っていた。奴隷制、産業革命、蒸気船や電信の発達……その栄華の裏にあるメカニズムに迫る。

1342 世界史序説 ——アジア史から一望する 岡本隆司

ユーラシア全域と海洋世界を視野にいれ、古代から現代までを一望。西洋中心的な歴史観を覆し、「世界史の構造」を大胆かつ明快に語る。あらたな通史、ここに誕生!

1347 太平洋戦争 日本語諜報戦 ——言語官の活躍と試練 武田珂代子

太平洋戦争で活躍した連合国軍の言語官。収容所から集められた日系二世の葛藤、養成の違いに見る米英豪加の各国軍事情……。語学兵の実像と諜報戦の舞台裏。

1364 モンゴル人の中国革命 楊海英

内モンゴルは中国共産党が解放したのではない。草原の民は清朝、国民党、共産党といかに戦い、敗れたのか。日本との関わりを含め、総合的に描き出す真実の歴史。

1377 ヨーロッパ近代史 君塚直隆

なぜヨーロッパは世界を席巻することができたのか。「宗教と科学の相剋」という視点から、ルネサンスに始まり第一次世界大戦に終わる激動の五〇〇年を一望する。

1400 ヨーロッパ現代史 松尾秀哉

第二次大戦後の和解の時代が終焉し、大国の時代が復活し、危機にあるヨーロッパ。その現代史の全貌を、国際関係のみならず各国の内政との関わりからも描き出す。

1449 インディアンとカジノ ――アメリカの光と影 野口久美子

ラスベガスを上回る、年間3兆円のビッグ・ビジネスはなぜ生まれたのか。インディアンの歴史を跡づけ、その意義となおも残る困難を明らかにする。

1539 アメリカ黒人史 ――奴隷制からBLMまで ジェームス・M・バーダマン 森本豊富訳

奴隷制の始まりからブラック・ライヴズ・マターが再燃する今日まで、人種差別はなくなっていない。アメリカ黒人の歴史をまとめた名著を改題・大改訂して刊行。

1543 駒形丸事件 ――インド太平洋世界とイギリス帝国 秋田茂 細川道久

一九一四年にアジア太平洋で起きた悲劇「駒形丸事件」。あまり知られていないこの事件を通して、ミクロな地域史からグローバルな世界史までを総合的に展望する。

1546 内モンゴル紛争 ――危機の民族地政学 楊海英

なぜいま中国政府は内モンゴルで中国語を押しつけようとしているのか。民族地政学という新視点から、モンゴル人の歴史上の問題を読み解き現在の紛争を解説する。

ちくま新書

064
民俗学への招待
宮田登
なぜ私たちは正月に門松をたて雑煮を食べ、晴着を着るのだろうか。柳田国男、南方熊楠、折口信夫などの民俗学研究の成果を軸に、日本人の文化の深層と謎に迫る。

085
日本人はなぜ無宗教なのか
阿満利麿
日本人には神仏とともに生きた長い伝統がある。それなのになぜ現代人は無宗教を標榜し、特定宗派を怖れるのだろうか？　あらためて宗教の意味を問いなおす。

445
禅的生活
玄侑宗久
禅とは自由な精神だ！　禅語の数々を紹介しながら、言葉では届かない禅的思考の境地へ誘う。窮屈な日常に変化をもたらし、のびやかな自分に出会う禅入門の一冊。

615
現代語訳　般若心経
玄侑宗久
人はどうしたら苦しみから自由になれるのか。言葉や概念といった理知を超え、いのちの全体性を取り戻すための手引を、現代人の実感に寄り添って語る新訳決定版。

744
宗教学の名著30
島薗進
哲学、歴史学、文学、社会学、心理学など多領域から宗教理解、理論の諸成果を取り上げ、現代における宗教的なものの意味を問う。深い人間理解へ誘うブックガイド。

783
日々是修行
——現代人のための仏教一〇〇話
佐々木閑
仏教の本質とは生き方を変えることだ。日々のいとなみの中で智慧の力を磨けば、人は苦しみから自由になれる。科学の時代に光を放つ初期仏教の合理的な考え方とは。

814
完全教祖マニュアル
架神恭介
辰巳一世
キリスト教、イスラム、仏教などの伝統宗教から現代日本の新興宗教まで古今東西の宗教を徹底的に分析。教義や組織の作り方、奇跡の起こし方などすべてがわかる！

918 法然入門　阿満利麿
私に誤りはなく、私の価値観は絶対だ――愚かな人間のための唯一の仏教とは。なぜ念仏一行なのか。日本史上最大の衝撃を宗教界にもたらした革命的思想を読みとく。

936 神も仏も大好きな日本人　島田裕巳
日本人はなぜ、無宗教と思いこんでいるのか？　神道と仏教がどのように融合し、分離されたか、その歴史をたどることで、日本人の隠された宗教観をあぶり出す。

956 キリスト教の真実――西洋近代をもたらした宗教思想　竹下節子
ギリシャ思想とキリスト教の関係を検討し、近代ヨーロッパが覚醒する歴史を辿る。キリスト教という合せ鏡をとおして、現代世界の設計思想を読み解く探究の書。

1022 現代オカルトの根源――霊性進化論の光と闇　大田俊寛
多様な奇想を展開する、現代オカルト。その根源には「霊性の進化」をめざす思想があった。19世紀の神智学から、オウム真理教・幸福の科学に至る系譜をたどる。

1048 ユダヤ教　キリスト教　イスラーム――一神教の連環を解く　菊地章太
一神教が生まれた時、世界は激変した！「平等」「福祉」「不寛容」などを題材に三宗教のつながりを分析し、現代の底流にある一神教を読み解く宗教学の入門書。

1081 空海の思想　竹内信夫
「密教」の中国伝播という仏教の激動期に入唐した空海は何を得たのだろうか。中世的「弘法大師」信仰を解体し、空海の言葉に込められた「いのちの思想」に迫る。

1102 エクスタシーの神学――キリスト教神秘主義の扉をひらく　菊地章太
ギリシア時代に水源をもち、ヨーロッパ思想の伏流水であるキリスト教神秘主義。その歴史を「エクスタシー」の観点から俯瞰し、宗教の本質に肉薄する危険な書。

ちくま新書

1126 骨が語る日本人の歴史　片山一道

縄文人は南方起源ではなく、じつは「弥生人顔」も存在しなかった。骨考古学の最新成果に基づき、歴史学の通説を科学的に検証。日本人の真実の姿を明らかにする。

1145 ほんとうの法華経　橋爪大三郎　植木雅俊

仏教最高の教典・法華経が、サンスクリット原典から全面改訳された。植木雅俊によるその画期的な翻訳の秘密に橋爪大三郎が迫り、ブッダ本来の教えを解き明かす。

1169 アイヌと縄文 ――もうひとつの日本の歴史　瀬川拓郎

北海道で縄文の習俗を守り通したアイヌ。その文化から日本列島人の原郷の思想を明らかにし、日本人にとって、ありえたかもしれないもうひとつの歴史を再構成する。

1170 宗教に関心がなければいけないのか　小谷野敦

宗教に関心を持ちきれなかった著者による知的宗教遍歴から、道徳、死の恐怖との向き合い方まで、「宗教にぴんと来ない人」のための宗教入門ではない宗教本！

1201 入門　近代仏教思想　碧海寿広

近代日本の思想は、西洋哲学と仏教の出会いの中に生まれた。井上円了、清沢満之、近角常観、暁烏敏、倉田百三らの思考を掘り起こし、その深く広い影響を解明する。

1215 カトリック入門 ――日本文化からのアプローチ　稲垣良典

日本文化はカトリックを受け入れられるか。日本的霊性と超越的存在の問題から、カトリシズムの本質に迫る。中世哲学の第一人者による待望のキリスト教思想入門。

1218 柳田国男 ――知と社会構想の全貌　川田稔

狭義の民俗学にとどまらない「柳田学」はいかにして形成されたのか。農政官僚から学者へと転身するなかで紡がれた社会構想をはじめ、壮大な知の全貌を解明する。

ちくま新書

1227
ヒトと文明
――狩猟採集民から現代を見る
尾本恵市
人類はいかに進化を遂げ、文明を築き上げてきたか。遺伝人類学の大家が、人類の歩みや日本人の起源を多角的に検証。狩猟採集民の視点から現代の問題を照射する。

1237
天災と日本人
――地震・洪水・噴火の民俗学
畑中章宏
地震、津波、洪水、噴火……日本人は、天災を生き抜く知恵を、風習や伝承、記念碑等で受け継いできた。各地の災害の記憶をたずね、日本人と天災の関係を探る。

1244
江戸東京の聖地を歩く
岡本亮輔
歴史と文化が物語を積み重ね、聖地を次々に生み出してきた江戸東京。神社仏閣から慰霊碑、墓、塔、スカイツリーまで、気鋭の宗教学者が聖地を自在に訪ね歩く。

1273
誰も知らない熊野の遺産〈カラー新書〉
栂嶺レイ
世界遺産として有名になったが、熊野にはまだ手つかずの風景が残されている。失われつつある日本の、日本人の原型を探しにいこう。カラー写真満載の一冊。

1284
空海に学ぶ仏教入門
吉村均
空海の教えにこそ、伝統仏教の教義の核心が凝縮されている。弘法大師が説く、苦しみから解放される心のあり方「十住心」に、真の仏教の教えを学ぶ画期的入門書。

1285
イスラーム思想を読みとく
松山洋平
「過激派」と「穏健派」はどこが違うのか？　テロに警鐘を鳴らすのでも、平和な宗教として擁護するのでもない、イスラームの対立構造を浮き彫りにする一冊。

1286
ケルト 再生の思想
――ハロウィンからの生命循環
鶴岡真弓
近年、急速に広まったイヴェント「ハロウィン」。この祭りに封印されたケルト文明の思想を解きあかし、古代ヨーロッパの精霊を現代へよみがえらせる。

ちくま新書

1291
日本の人類学
山極寿一
尾本恵市

人類はどこから来たのか？　ヒトはなぜユニークなのか？　東大の分子人類学と京大の霊長類学を代表する二大巨頭が、日本の人類学の歩みと未来を語り尽くす。

1296
ブッダたちの仏教
並川孝儀

仏教は多様な展開を含む複雑な宗教である。歴史上のブッダへ実証的にアプローチし、「仏」と「法」という二つの極から仏教をとらえなおすダイナミックな論考。

1326
仏教論争
――「縁起」から本質を問う
宮崎哲弥

和辻哲郎や三枝充悳など、名だたる知識人、仏教学者が繰り広げた、縁起をめぐる戦前・戦後の論争。犀利な分析を通して、その根本を浮かび上がらせた渾身作！

1329
京都がなぜいちばんなのか
島田裕巳

京都の神社仏閣にはそれぞれに歴史と、謎がある。その謎を解いていくことで、京都のいまだ隠された魅力を見つけ、人を惹きつけてやまない源泉を明らかにする。

1330
神道入門
――民俗伝承学から日本文化を読む
新谷尚紀

神道とは何か。古代の神祇祭祀に仏教・陰陽道・道教など多様な霊験信仰を混淆しつつ、国家神道を経て今日の形に至るまで。その中核をなす伝承文化と変遷を解く。

1370
チベット仏教入門
――自分を愛することから始める心の訓練
吉村均

生と死の教えが世界的に注目されているチベットの仏教。その正統的な教えを解説した初めての入門書。基礎的な知識から学び方、実践法までをやさしく説き明かす。

1395
こころの人類学
――人間性の起源を探る
煎本孝

人類に普遍的に見られるこころのはたらきはどこで生まれたのか。カナダからチベットまで、半世紀にわたり世界を旅した人類学者が人間のこころの本質を解明する。

ちくま新書